GESTÃO DA SINGULARIDADE

Alta performance para equipes e líderes diferenciados

CARO LEITOR,

Queremos saber sua opinião sobre nossos livros.

Após a leitura, curta-nos no facebook/editoragentebr,
siga-nos no Twitter @EditoraGente
e visite-nos no site www.editoragente.com.br.

Cadastre-se e contribua com sugestões, críticas ou elogios.

Boa leitura!

EDUARDO CARMELLO

GESTÃO
DA
SINGULARIDADE

Alta performance para equipes e líderes diferenciados

EDITORA
Marília Chaves

EDITORA DE PRODUÇÃO EDITORIAL
Rosângela de Araujo Pinheiro Barbosa

CONTROLE DE PRODUÇÃO
Fábio Esteves

PREPARAÇÃO
Balão Editorial

PROJETO GRÁFICO E DIAGRAMAÇÃO
Balão Editorial

ILUSTRAÇÕES
Fernando Timba

GRÁFICOS E TABELAS
Dani Groppo – D/A STUDIO

REVISÃO
Balão Editorial

CAPA
Pedro Henrique

IMPRESSÃO
Gráfica Assahi

Copyright © 2013 by Eduardo Carmello
Todos os direitos desta edição
são reservados à Editora Gente.
Rua Wisard, 305, sala 53
São Paulo, SP – CEP 05434-080
Telefone: (11) 3670-2500
Site: http://www.editoragente.com.br
E-mail: gente@editoragente.com.br

Dados Internacionais de Catalogação na Publicação (CIP)
(Câmara Brasileira do Livro, SP, Brasil)

Carmello, Eduardo
Gestão da singularidade / Eduardo Carmello. -- São Paulo : Editora Gente, 2013.

ISBN 978-85-7312-906-9

1. Administração de pessoal 2. Competência 3. Conhecimento 4. Equipes no local de trabalho 5. Mudanças organizacionais 6. Planejamento estratégico I. Título.

13-10047   CDD-658.53

Índice para catálogo sistemático:
1. Aprimoramento, estratégia e conhecimento :
Gestão de pessoas : Administração 658.53

GESTOR, SE VOCÊ PRECISA:

❯ Promover mudanças na organização;

❯ Orientar os objetivos estratégicos à sua equipe;

❯ Engajar sua equipe para o cumprimento dos objetivos;

❯ Executar a estratégia de maneira eficaz;

❯ Aprimorar suas competências como gestor;

❯ Todas as anteriores;

ENTÃO, ESTE LIVRO É PARA VOCÊ!

AGRADECIMENTOS

Agradeço aos meus pais Enio e Irene, que sempre respeitaram e apoiaram minha trajetória de vida singular. À minha querida irmã Adriana, que fez uma grande diferença em minha vida, oferecendo-me a possibilidade de um novo começo. À minha família, Luciana e Gabriel de Godoy, pela criação de inúmeros momentos únicos e memoráveis. Amor eterno.

Aos consultores e amigos Ines Cozzo Olivares, Guilhermo Santiago, Marilene Bitencourt, Sidnei Oliveira, Flávio Maneira, Tárika Lima, Adriana da Silva, e outros tantos que não couberam aqui. Cada conversa de cinco minutos equivaleu a horas de profundo e instigante aprendizado. À família Godoy, sempre me acolhendo e ajudando nos tempos difíceis.

Aos nossos clientes, que perseguem constantemente a execução exemplar de uma Proposição de Valor que faça a diferença. Aos amigos africanos, indianos e indígenas, que sempre estão por perto, sussurrando princípios e conhecimentos milenares.

SUMÁRIO

INTRODUÇÃO	11
1. GESTORES SÃO DESAFIADOS A CADA SEGUNDO	15
Gestores na turbulência	18
Desalinhamento angustiante	19
O que constatei na reunião	20
2. ENGOLIDOS PELOS PROBLEMAS	23
Gestores à beira de um ataque de nervos	23
Como acontecem os acidentes de gestão	26
Fique atento	29
Surfando com excelência na turbulência	31
3. GESTÃO DA SINGULARIDADE	33
Gestores precisam estar atualizados:	
singularidade alinhada às principais práticas de gestão	34
Quais os benefícios de trabalhar com a gestão da singularidade?	35
Talentos apresentam uma chance maior de realizar seus objetivos	
quando apresentam a integridade desses três elementos de gestão	36
A conexão entre orientação, engajamento e capacitação	37
A gestão da singularidade trabalha em quatro focos	
de atuação para a melhoria dos resultados pelas pessoas	38
Avaliando diferenças de produtividade entre talentos	39
Não dá mais para tratar todos da equipe da mesma maneira	40
De perto, ninguém é igual!	41

A descoberta da singularidade no dia a dia da gestão 43

Você pode fazer melhor 45

Por que tratar os profissionais da equipe como *sujeitos*? **50**

A responsabilidade do gestor dentro da singularidade 50

O que o gestor precisa para atuar na singularidade? 52

Na gestão da singularidade, os talentos se tornam engajados
e corresponsáveis pelo seu desenvolvimento e crescimento 59

O impacto da gestão da singularidade 60

Do simples ao complexo na prática 61

Os cinco níveis da gestão da singularidade 61

4. NÍVEL 1: SEGMENTAÇÃO DOS TALENTOS 63

O grupo A (alta performance) 65

O grupo B (média performance) 68

O grupo C (baixa performance) 68

Exemplo real de como os diferentes níveis operam 71

Começando a segmentação sem painel de performance 76

Por que o engajamento é importante? 78

Algumas fontes de desengajamento 81

Engajados, não engajados, desengajados 82

Mobilizando os diferentes talentos para a realização de seus objetivos 84

O que os talentos mais precisam dos gestores? 86

5. NÍVEL 2: DESENVOLVIMENTO DO MAPA DE PERFORMANCE 89

Modelos que ajudam a melhorar a performance 89

Mapa de Performance 91

Competências essenciais dos talentos —
descrições de comportamento de desempenho 94

Analisar e decidir com mais clareza 96

6. NÍVEL 3: RECONHECIMENTO DOS FATORES
DE DESEMPENHO 97

Gestores e a capacidade de analisar os principais
potenciais e problemas de performance 98

O que precisa ser feito? 104

7. NÍVEL 4: APLICAÇÃO DAS PRÁTICAS DOS GESTORES —
TRÊS ÁREAS, NOVE PRÁTICAS PRINCIPAIS,
21 COMPLEMENTARES 117

Práticas de gestão consistentes com a realidade
de mercado 121

As três áreas dos gestores da singularidade 122

O conhecimento vale ouro:
saiba separar o que é e o que não é relevante 124

As trinta práticas dos gestores da singularidade ... 127

As nove práticas de gestão mais impactantes 130

8. NÍVEL 5: DOMÍNIO DO SISTEMA — LIDANDO COM
A COMPLEXIDADE: ACONTECIMENTO, SUJEITO,
PROBLEMAS E SOLUÇÃO 137

O gestor faz as modificações enquanto o jogo acontece ... 138

Exemplo de um gestor atuando dentro do modelo tradicional ... 139

Potencializando os resultados da equipe 143

Defina os problemas ou questões de performance
da equipe 144

Identifique quais e quem são os talentos envolvidos ... 146

Analise o processo de trabalho para clarificar
como realmente aconteceu o evento 147

Compreenda as verdadeiras razões que impedem
ou permitem atuar melhor 149

Construa soluções de orientação, engajamento,
capacitação e consonância 152

9. LIDANDO COM PROFISSIONAIS DE BAIXA MATURIDADE ... 155

Como o funcionário de baixa maturidade se apresenta? ... 156

Como reverter essa situação? 157

Exemplo de conversa com uma gestora 158

Os diferentes tipos de resistentes nas empresas 164

10. MUNDO DIFERENTE, PESSOAS ÚNICAS 167

Gestor de pessoas, construtor de um futuro promissor ... 167

Projete-se no futuro!   168
Criando e inspirando valor   169
O que você quer mesmo ouvir?   170
Por um mundo único   170
Um momento singular   171

REFERÊNCIAS   173

INTRODUÇÃO

O mundo está mais complexo, as pessoas estão mais exigentes e você tem desafios cada vez maiores. Gestores têm projetos importantíssimos a entregar e precisam de todo o potencial de sua equipe para realizar os objetivos propostos.

Como está gerenciando sua equipe nesse momento? Está completamente feliz com os resultados que está produzindo com ela?

Tem certeza que tem todos os conhecimentos para mobilizar a equipe dentro do máximo de produtividade que cada um dos talentos pode alcançar?

Observa que todos estão realmente engajados e capacitados para realizar os inúmeros desafios que a empresa precisa enfrentar para se manter competitiva?

Mesmo diante de tantos problemas na empresa, de falta de tempo e recursos, de pares e superiores que mais atrapalham do que ajudam, é possível crescer como gestor e alcançar resultados exemplares junto ao seu pessoal.

O tempo de gerir pessoas como se fossem um bando ou estatísticas está com os dias contados. Toda organização com chances de crescer precisa de gestores capacitados para transformar estratégia em ação. É necessário conquistar eficácia na execução por meio do desenvolvimento individual e coletivo de sua equipe.

Quer um exemplo? Podemos falar do técnico Bernardinho, do vôlei brasileiro, que é um exemplo de singularidade em alta performance. Sabe exatamente o que cada um de seus jogadores precisa em termos de orientação, motivação e conhecimento para atuar com seu máximo rendimento.

Na Fórmula 1, a equipe de mecânicos precisa trocar os pneus em poucos segundos. Cada um daqueles profissionais tem análise de desempenho e treinamento específico para ter a máxima performance individual e coletiva.

Como pode ver, clientes e talentos valorosos e performáticos querem ser tratados como *sujeitos*. Eles precisam de uma solução customizada, que ajude a resolver seu problema ou necessidade específica. Agora, de preferência!

O mundo da generalização e superficialidade está perdendo espaço para o mundo da especificidade, da precisão e da *singularidade*.

Transformar para melhor nosso desempenho e resultado exige atenção em grau e gênero distintos. Exige *singularidade*.

O que é gestão da singularidade?

Gestão da singularidade é a capacidade que uma organização e seus gestores têm de maximizar seus resultados por meio da melhoria de performance e inovação de sua equipe, construindo estratégias distintas para talentos em níveis diferentes de performance, engajamento e conhecimento.

É um modelo evoluído de gerenciamento de gestores e equipes de alto desempenho, que define com mais profissionalismo e precisão o desenvolvimento, a mobilização e a retenção de seus talentos.

A gestão da singularidade utiliza como princípio a máxima de Aristóteles, que consiste no conceito de conseguir oferecer o recurso certo para a pessoa certa, na medida certa, no momento certo, pelo motivo certo e da maneira certa.

ARISTÓTELES ADAPTADO À GESTÃO DE PESSOAS

RECURSO CERTO	PESSOA CERTA	MEDIDA CERTA
( ) Orientação	( ) Alto Talento	( ) Info Geral vs Precisa
( ) Engajamento	( ) Médio Talento	( ) Alegrar vs Engajar
( ) Capacitação	( ) Baixo Talento	( ) Conteúdo vs Procedimento
MOMENTO CERTO	**RAZÃO CERTA**	**MANEIRA CERTA**
( ) Minuto	( ) Egoísta	( ) Agressão vs Assertividade
( ) Hora	( ) Justo	( ) Desrespeito vs Respeito
( ) Dia	( ) Generoso	( ) Subjetivo vs Objetivo
( ) Semana		( ) Percepção vs Constatação
( ) Quinzena		( ) Opinião vs Fato
( ) Mês		( ) Generalista vs Específico
		( ) Aleatório vs Preciso

CAPÍTULO **1**

GESTORES SÃO DESAFIADOS A CADA SEGUNDO

› O mundo das empresas gira em torno do conhecimento específico, voltado para o contexto das necessidades reais dos clientes e talentos.

› Gestores precisam criar, transferir e incorporar conhecimento relevante e estratégico.

› Há muita informação para gerenciar e pouco tempo para analisar profundamente as principais questões sobre gestão de pessoas.

› Gerenciamento de pessoas não é uma atividade simples, e é reconhecida como uma das mais importantes questões para o sucesso da estratégia.

› Gestores perdem ótimos talentos porque estes não se sentem reconhecidos, não estão aprendendo coisas importantes, não sabem qual é o verdadeiro propósito para o qual estão atuando.

› Gestores perdem resultados, engajamento e conhecimento por não tratar a equipe de forma *singular*.

Precisamos de uma evolução na forma de gerenciar talentos.

Imagine um quarto de hospital com dez pacientes, cada um com um tipo diferente de enfermidade: resfriado, diabetes, câncer, dor de cabeça, cólica renal etc. Entre eles, um médico está tratando a todos esses diferentes pacientes com... aspirina!

Imagine uma mulher chateada com o marido que, em vez de utilizar o dinheiro que ela lhe deu para pagar as três prestações atrasadas da casa, compra uma moto. O marido, ao perceber a insatisfação e a indignação da esposa com a utilização indevida do recurso, tenta "engajá-la" levando-a para fazer uma dinâmica motivacional, como *rafting*, arvorismo ou um jogo ao ar livre.

Imagine que você precise aprender como compartilhar uma informação comercial para um grupo reservado de clientes no *Facebook*. Quando pergunta ao seu chefe como fazer tal procedimento, ele praticamente te dá um "curso" sobre comunicação no *Facebook*. E explica a você sobre a comunicação nos dias atuais, como utilizar as redes sociais para maximizar resultados, quem foi Mark Zuckerberg, os problemas que o *Facebook* enfrenta nas bolsas de valores e mais 25 conteúdos que ele considera importantes, mas que não transmitem o conhecimento procedural e específico que você precisa para realizar sua tarefa estratégica.

Pode parecer estranho, mas grande parte da gestão de pessoas desenvolvida nas empresas é feita dessa forma. Orientações inespecíficas, engajamento superficial e capacitações massificadas, generalizadas e com pouco impacto na melhoria da execução estratégica.

Gestores tradicionais estão combatendo a complexidade da gestão com informações massificadas e generalizadas. Seus times estão se afogando em informações desnecessárias, mas sedentos de conhecimento específico e relevante. E ao observar essa prática podemos concluir que é como se os gestores estivessem jogando damas, ou seja, tratando seus funcionários como peças iguais, sem tempo para alinhar expectativas de forma individual, conduzindo suas equipes como se todos manifestassem os mesmos resultados, a mesma disposição e o mesmo nível de conhecimento.

Tamanha velocidade e complexidade das mudanças deixam os gestores numa situação complicada, pois, na verdade, sabem que precisam orientar, engajar e capacitar sua equipe, e, ao mesmo tempo, eles mesmos precisam aprimorar suas competências. Porém, estão tão atarefados, resolvendo inúmeros problemas de gestão, que se queixam da falta de tempo para desenvolver e orientar sua equipe. Estar à deriva no tempo e no espaço não é privilégio somente dos astronautas.

Gestores focados em apagar incêndios, preparar, engajar, reter e orientar talentos perdem uma enorme oportunidade de alcançar objetivos, simplesmente porque não conseguem maximizar as competências de cada talento da equipe de maneira precisa e profunda.

Esses gestores perdem profissionais de alta performance por não conseguir tratá-los de forma justa e meritocrática, tornando-os desengajados e descompromissados.

> Organizações desperdiçam tempo e dinheiro por não saber oferecer conhecimento estratégico e relevante aos talentos de sua equipe, pois utilizam métodos tradicionais de educação corporativa, que focam em transmissão excessiva de conteúdo em vez de incorporação de conhecimento que melhore o desempenho organizacional.

COMO O GESTOR ACABA GERANDO A TURBULÊNCIA

> Quando se deixa levar pela pressão insana, pela conquista de resultados a curto prazo.

> Quando não consegue se alinhar estrategicamente com a equipe e gera mais atrito do que fluidez de produtividade.

> Quando não deixa claro e com ordem de prioridade para a equipe os princípios e regras, gerando ambiguidades e disputas na execução da estratégia.

> Quando sabe dos desafios de integrar estratégia, processos e pessoas, mas sente-se perdido, cansado, sem tempo para realizar toda a complexidade de suas responsabilidades.

Gestores na turbulência

Estou em reunião com 25 gestores estratégicos de uma empresa de grande porte. Meu trabalho naquele momento é fazer um diagnóstico qualitativo para um possível desenho de projeto de engajamento e eficácia organizacional.

Ouço atentamente o relato de angústia e descontentamento daqueles talentos sobre os principais obstáculos que os impedem de fazer um trabalho eficiente em seus diferentes departamentos:

> "As estratégias da empresa são excelentes, mas os responsáveis pela execução delas não parecem possuir o perfil para tal."
> "Sinto-me mal aproveitado nesse projeto. Sei que poderia estar fazendo mais e melhor. Parte de meus companheiros se preocupam mais com a perda do *status quo* do que com os procedimentos para implementar a mudança."
> "A falta de justiça e meritocracia têm acabado com minha motivação: todo dia ouço que tenho de pensar fora da caixa, ter mente de dono da empresa, mas na prática do dia a dia tenho de acatar decisões medíocres e não posso fazer uma melhoria no processo, pois não tenho verdadeira *autoridade* para tal."
> "Levam a gente para uma convenção para dizer que temos de ser proativos, "morder a trave", acabar com a concorrência, dominar tudo etc. Mas não temos informações e planos de ação condizentes com a estratégia. Se vou querer discutir a lógica de determinada ação, a única resposta que tenho é que tem de ser assim e pronto. Tenho de deixar que eles pensem, pois meu trabalho é apenas vender!"

Empresa grande demais, muita complexidade, pouquíssima conexão entre tudo e todos.

Desalinhamento angustiante

Vamos passar por um ciclo comum nas empresas: digamos que, durante o desenvolvimento de um novo produto, o departamento de marketing faz uma campanha brilhante sem conversar com vendas ou engenharia sobre seus planos. O departamento de vendas, por sua vez, está encontrando dificuldades pela crise, abaixa o preço do produto para ganhar em volume. Isso reverbera tanto para a logística quanto para o departamento de engenharia, que não consegue entregar o volume prometido. A capacidade da empresa é para entregar 500 unidades/mês e os pedidos batem na casa dos 900.

A falta de alinhamento vai seguindo um ciclo que não para por aí: o pessoal da instalação não cumpre o prazo e o produto não chega com a qualidade desejada. O instalador do produto não tem treinamento suficiente para se relacionar com o cliente e chega mal-humorado no local de instalação. Frequentemente desatento e descuidado com o serviço, precisa fazer tudo muito rápido, pois tem mais 25 instalações para fazer no dia.

O cliente, mais sensível e atento que o instalador, preocupado com que ele faça um bom serviço, oferece um cafezinho. E dois minutos depois que consegue a atenção e concentração do instalador, pergunta:

— Esse produto é bom mesmo? Você compraria para tê-lo em sua casa?

O instalador, agradecido pelo cafezinho e querendo ser honesto com o cliente diz:

— Olha, eu não compraria, não. Para ser sincero, o do concorrente é bem melhor.

Todos naquela sala, juntos, de alguma forma sabem que a empresa é responsável pela emissão de sinais de confusão e desrespeito ao cliente. Quando o quadro chega a esse nível, o que é muito comum, mesmo os gestores altamente inteligentes não conseguem encontrar soluções para gerar um ciclo diferente e saudável tanto para a empresa quanto para o cliente.

É comum ver que a maioria dos gestores já teve uma vontade enorme de fazer mudanças, mas parece que há uma barreira psicológica que inibe líderes e equipes de promover transformações consistentes. E esses gestores não estão desinformados do que acontece internamente e sabem quem são os responsáveis pelas falhas ou desrespeito à boa performance. E também sabem quem deveria tomar decisões mais eficazes, mas, na maioria das vezes, não podem ou conseguem oferecer um *feedback* para seus superiores, pois frequentemente tornam-se vítimas da autocracia e ao mesmo tempo são coniventes com determinadas atitudes que atrapalham a cadeia produtiva.

Eu imagino você lendo isso e pensando:

"Nossa, ele está falando da minha empresa!"

Ou então:

"Tenho amigos que devem trabalhar nessa empresa, pois é assim que eles falam dela!"

Estou certo?

O fato é que esse tipo de desconexão tem acontecido cada vez mais. E, pelo visto, continuará assim caso não nos dermos conta dessa dissonância de objetivos e energias que impedem o fluxo de conhecimento na organização.

O QUE CONSTATEI NA REUNIÃO

1 – A estratégia não é bem comunicada

Grande parte da turma não tem clareza dos principais objetivos da organização, e se sabem deles não conseguem utilizá-los como um farol para guiar as decisões. É bem comum ver interesses pessoais ou departamentais sobressaindo-se aos objetivos estratégicos.

Quem consegue compreender a estratégia, observa que nos momentos mais difíceis os gerentes não prezam pelo cumprimento do caminho proposto.

2 – Ninguém conversa direito

Por falta de tempo, e talvez de competência para se relacionar, os departamentos mantêm-se isolados. Profissionais constantemente ficam sem saber de quem é a responsabilidade por determinados procedimentos e decisões. Alguns até sabem, mas não têm coragem de cobrar de seus pares e superiores tais atitudes e não conseguem perceber coerência estratégica.

Muitos percebem o que precisa ser feito, mas não o fazem, pois não têm autoridade e autonomia para tal. O ambiente tem um clima tenso e pesado, e nele os profissionais não dispõem de tempo nem disposição para análises mais profundas. Questões voltadas à gestão de pessoas e às normas e regras que estão sendo descumpridas e prejudicando o aumento de performance dificilmente são discutidas de forma franca, clara e com a devida consistência que merecem.

3 – Inconsistência entre decisões e ações

Líderes não conseguem colocar em prática as principais atividades que aprenderam nos seminários de liderança que estão sempre fazendo: acompanhamento, *feedback* eficaz, *coaching* de equipe. Apresentam grande dificuldade para representar a estratégia e os valores da empresa. Gerenciam mais apoiados no seu estilo de gestão ou na sua personalidade do que no bom desempenho de seus papéis gerenciais.

A exigência por metas é grande, mas não há uma cultura que fomente e permita a alta performance. Rastreando os processos do negócio, é visível nos gestores a falta de lógica estratégica e de permissão para que a inteligência dos profissionais seja manifestada. A manutenção do *status quo* prevalece nas decisões estratégicas e táticas.

Naquela sala, todos são grandes gestores. Têm inteligência e experiência de sobra, como em qualquer outra empresa de porte. Mas suas palavras e ações demonstram pouco poder de ação diante de uma gestão mal desenhada, de comunicação e relacionamentos disfuncionais e de falta de hierarquia que fomente e cobre o que é lógico, correto e justo.

Além disso, destaca-se a grande dificuldade do gestor em gerir a equipe em momentos de turbulência e mudança. Conversando intensa e profundamente com eles, é possível perceber a dificuldade com o tema "pessoas" e seus desafios para mobilizar a equipe em momentos de alta pressão. Será possível sair dessa turbulência?

CAPÍTULO **2**

ENGOLIDOS PELOS PROBLEMAS

GESTORES À BEIRA DE UM ATAQUE DE NERVOS

Marcos está cansado e.um pouco cético com a perspectiva de alcance da meta imposta pelos seus superiores:

— A meta é arrojada! Tenho o desafio de crescer 35% neste ano. O volume de trabalho é muito grande, tenho pouca gente para tocar todos os projetos e sinto que metade da equipe não está preparada para lidar com o desafio de crescer tão rápido.

— E você, como está percebendo toda essa situação?

— Sinto que há muitos detalhes a verificar. Não dá para delegar, pois a equipe não consegue executar direito as tarefas. Eu, particularmente, preciso estar mais próximo e acompanhar melhor os processos. Honestamente, sinto-me angustiado, pois sei que não estou fazendo tudo o que deveria fazer para a minha equipe. Ela, por sua vez, declara que todo o esforço que está fazendo parece insuficiente para alterar positivamente a situação e alcançar os resultados que precisa.

Helena está muito ansiosa e um pouco impaciente com os resultados de sua equipe:

— Estou há quatro meses neste cargo, tenho um superdesafio de mudança, mas percebo que minha equipe não está engajada com os novos objetivos e procedimentos da mudança. Temos muito a fazer, mas sinto que uma parte significativa da equipe não está empenhada para realizar as alterações necessárias para cumprir a promessa da marca.

— Como está seu relacionamento com a equipe?

— Neste exato momento, acho que estou um pouco distante. Precisei fazer isso, pois não quero transmitir meu cansaço nem minha indignação com eles. Não consigo entender por que tenho de ensinar "marmanjos" a fazer seu trabalho. Eles precisam ser mais proativos, inovadores, saber também me enfrentar e me questionar. Parece-me tão simples tentar pensar um pouco mais, analisar o assunto um pouco mais profundamente e ter disposição para resolver seus próprios problemas. É difícil engolir um gerente que não sabe fazer um bom planejamento ou uma pessoa que promete realizar uma tarefa e depois simplesmente não a cumpre, com a desculpa de que não teve tempo.

Carlos confessa não entender como, num mundo onde o conhecimento é fundamental e o alcance de metas é o básico da gestão estratégica, pessoas não conseguem dar conta do cumprimento de seus objetivos:

— Acho impressionante que, com essa escassez de talentos, que são pagos a preço de ouro, eles não estão rendendo o necessário. Entram na empresa entendendo de mídias sociais, de tecnologia, mas não são tão preparados e maduros como deveriam ser. Conhecem a teoria, mas não conhecem a prática. Conhecem a tecnologia, mas não conhecem as pessoas. São bons quando tudo está calmo, mas se perdem quando a turbulência derruba seus conceitos e sua pouca experiência.

— O que quer dizer com isso?

— Não são tão engajados assim, trocam de emprego por qualquer aumento e não aguentam a pressão da responsabilidade e da cobrança por metas.

— Como você lida com isso?

— Acho que não lido bem. Não consigo construir conhecimento estratégico. Quem chega de fora muitas vezes não se adapta à nossa cultura e acaba tomando o lugar de alguém que merecia. Faz alguns truques no curto prazo, aumenta o caixa à custa da quebra de valores e princípios e depois de um ano ou dois vai embora, deixando os grandes pepinos para a gente resolver. Tenho depois de gerenciar o baixo engajamento da equipe e a falta de proatividade para fazer as mudanças necessárias, pois todos estão cínicos e desencorajados com a questão de promover "mudanças consistentes", já que foram enganados com essa ideia que não deu certo. Só o que lhes restou foi perda de benefícios, perda de gente inteligente na empresa e falta de crença num futuro melhor.

Essas são questões legítimas, e é muito importante que sejam respondidas para a melhor performance da equipe. Também vale ressaltar que gestores precisam ser muito bons em seus campos de ação, fazendo uso da experiência técnica e comportamental anterior sobre os desafios e as "manhas" de seu negócio.

É incontestável que esses gestores podem melhorar seus resultados comerciais e de desempenho quando conseguem expandir sua capacidade de pensar e agir sobre o que acontece com sua equipe. De compreender como pode ser um verdadeiro gestor estratégico de pessoas.

É necessário esclarecer todas as metas e indicadores, e é fundamental desenvolver uma linguagem para orientar, engajar e capacitar a equipe para que possa mobilizar-se mais rápida e consistentemente na conquista dos desafios propostos.

> Precisamos conseguir desenvolver melhor nossa equipe
> para lidar com os desafios da mudança e complexidade,
> caso contrário estaremos utilizando grande parte
> do nosso tempo administrando incêndios, atividades
> improdutivas, desengajamento e queda imediata
> do desempenho da organização, provocando
> o que chamamos de acidentes de gestão.

Grande parte das turbulências internas são fabricadas dentro da organização. Compreendendo como isso acontece, você tem grande chance de evitar se afogar nesse mar de problemas e fazer modificações importantes para produzir melhores resultados. Se não consegue utilizar seu tempo, inteligência e disposição para fazer o alinhamento entre estratégia, processos e pessoas, provavelmente está contribuindo para que aconteçam os tais acidentes de gestão.

Como acontecem os acidentes de gestão

Muitas vezes percebemos que o clima está tenso e a probabilidade de acontecer algo que atrapalhe o fluxo dos processos é alta. A capacidade de pensar de forma lógica e alinhada à estratégia é abalada, criando uma alta probabilidade de tomarmos decisões irracionais e excessivamente emocionais.

Sabemos que os acidentes de gestão acontecem quando há uma série de sinais no ambiente que, combinados, podem criar ou catalisar grandes problemas para o gestor:

1 – Os resultados estão abaixo do esperado:

Por motivo de falta de planejamento, dificuldade de execução exemplar, cultura que apoia baixa performance — por exemplo, ao permitir que seus líderes e equipes descumpram regras, valores e prazos acordados, e gerem resultados ficam minguados, provocando uma tempestade de cobranças, muita confusão sobre o que fazer e sobre que procedimentos tomar. Muitas pessoas perdem a cabeça e começam a comunicar e a se relacionar de maneira ineficiente, provocando ofensas, acusações e tomando decisões equivocadas.

2 – A equipe está sob pressão maior:

Sem fazer um rastreamento profundo sobre as verdadeiras causas do baixo resultado, é muito comum pressionar toda a equipe para que faça mais, melhor e mais rápido. A equipe é pressionada a buscar quantidade, muitas vezes mesmo em detrimento da qualidade, para salvaguardar o caixa da empresa. O comportamento automático, além de pressionar a equipe, é desenvolver uma comunicação voltada para a massa, repleta de frases como:

— Vamos lá, vamos derrubar tudo!

— Morde a trave, arrebenta!

— Missão dada é missão cumprida!

— Temos de ganhar essa parada de qualquer jeito!

Muita animosidade, muito "Se vira nos 30" e pouquíssimo conhecimento estratégico sobre o que e como se deve fazer diferente para alcançar um resultado melhor do que conseguem fazer naquele momento.

3 – Projetos e metas atrasados

O grande volume de trabalho, a dificuldade de acompanhamento das tarefas, a diferença de comprometimento dos integrantes da equipe com os prazos e o planejamento superficial acabam por dificultar as entregas no prazo acordado, gerando muita discussão sobre quem foi o responsável pelo atraso e também muita insatisfação dos clientes envolvidos.

4 – Talentos estão trabalhando há muito tempo, cansados, irritados e sem agilidade mental

Todos os indicadores anteriores acabam influenciando a performance humana, levando os talentos a trabalhar em condições psicológicas abaixo do ideal, comprometendo sua capacidade cognitiva e emocional de tomar decisões acertadas, assim como executar com perfeição suas tarefas cruciais.

> Você observa pessoas talentosas, preparadas,
> em momentos de demasiada pressão, tomando decisões
> equivocadas. Espanam, travam, não conseguem
> se comunicar direito, perdem a precisão de seu trabalho.
> Tendem a não pensar adequadamente, esquecem-se
> de suas tarefas e passam a tolerar menos.

Frequentemente os principais acidentes típicos de gestão são causados por fatores humanos. Envolvem de dois a sete erros humanos consecutivos que sozinhos não fazem muito estrago, mas quando são combinados podem gerar perda de dinheiro, tempo e trabalho.

Primeiro, acontece uma falha, sem aparentes problemas. Em seguida, outro erro não tão impactante. Mas acontece um terceiro e um quarto, que vão se somando aos anteriores e acabam por gerar grandes problemas para os gestores e para a organização.

Para exemplificar, tomemos de exemplo o Marcelo, que era o funcionário encarregado de gerenciar e arquivar os documentos e relatórios que precisavam ser declarados à Receita Federal, e fez isso muito bem por dois anos — tanto que seu gestor já delegou inteiramente a responsabilidade a Marcelo.

Este ano, Marcelo, por trabalhar muito bem, recebeu mais tarefas e responsabilidades (de outros que não trabalham tão bem assim). Em função de uma crise, muitas pessoas foram cortadas e o volume de trabalho aumentou consideravelmente para Marcelo. Ele então delegou a tarefa dos relatórios da Receita a um novo funcionário. Explicou por três vezes o que o funcionário deveria fazer, quando e como.

— Tudo certo?

— Tudo certo, pode deixar.

O fato é que o funcionário não entendeu completamente a tarefa e também teve medo de perguntar para não parecer desatento ou ignorante. Entregou da maneira errada, não conferiu corretamente o *status* e o documento não foi parar na Receita Federal.

Marcelo, preocupado e apagando outros inúmeros incêndios, não teve tempo de conferir as tarefas do funcionário, que, por sua vez, não checou o recibo de entrega — que não veio da Receita — e encerrou o assunto como "feito corretamente".

Uma falha de entrega, seguida de uma falha de checagem, combinada com uma falha de comunicação? Ou, uma falha de comunicação mais uma falha de acompanhamento somada a uma falha de competência?

O que importa é que o acidente gerou alguns milhares de reais perdidos em multas por não declaração e atraso.

> Os acidentes são causados, via de regra, por falha na comunicação do gestor agregada à baixa qualidade no domínio das tarefas e também na sua verificação.

A maior ocorrência de erros se dá pelas omissões do dia a dia ou durante a execução das tarefas ordenadas. Ocorrem, por exemplo, quando alguém sabe algo importante do processo, mas não transmite a informação de modo completo. Ou quando alguém acredita ter explicado perfeitamente bem um procedimento e não checa a compreensão da instrução. E ainda quando outro, com medo de ser taxado de incapaz, acena ter entendido, mas a verdade, porém, é que ele irá realizar o procedimento como conseguiu "entender" a informação.

Ou, finalmente, quando alguém que deixou de verificar os detalhes de uma missão importante.

É muito comum gestores darem-se por contentes ao comunicar à equipe uma única vez, por e-mail, os objetivos que querem alcançar, imaginando que, uma vez que "entenderam" a situação, irão fazer todo o trabalho.

— Mas como ele não entendeu o que precisa ser feito se eu já lhe disse duas vezes nessa semana?

Fique atento

Na maioria das vezes, a equipe, em momentos de turbulência e mudança:

> deixa de fazer as coisas mais importantes;
> esquece de comunicar os problemas que atrapalham a performance;
> não pensa na importância de cumprir o prazo;
> não confere corretamente os processos;
> entende algo completamente diferente do que você disse;
> esquece de acompanhar algo crucial para o cumprimento do projeto;
> tem medo de perguntar novamente sobre uma questão que não entendeu e faz do jeito que acha que deve ser feito.

A perfeita compreensão não se dá apenas do que o funcionário entendeu, mas também da capacidade dele em realizar a tarefa.

Entender não significa que o indivíduo está apto a executar. Saber como fazer os procedimentos e ter a devida habilidade para realizá-los é que dá ao profissional a capacidade de desempenhar de maneira mais precisa os objetivos que se comprometeu a alcançar.

Há também a confusão e ambiguidade gerada na comunicação e na ação dos talentos, que deixam de verificar e acompanhar de perto os.

procedimentos necessários para que a sequência certa das tarefas seja realizada. Sabemos que uma situação turbulenta ou delicada precisa ser resolvida por um complexo processo de encadeamento de passos que, frequentemente, por desconhecimento ou falta de domínio das tarefas, as equipes não conseguem coordená-los e se perdem em alguns.

Gestores e equipes demonstram uma queda de performance em situações complexas que envolvem pressão, turbulência ou mudança de procedimentos. O tempo fica curto demais, o volume de trabalho, grande demais, e a entrega das tarefas, comprometida.

Os gestores acabam perdendo a paciência com a equipe, resultando numa situação em que se tem muita pressão, aumento das animosidades e pouca informação estratégica e procedural do que deve ser feito para se corrigir as falhas. A qualidade de comunicação e relacionamento é afetada, gerando desengajamento e queda de desempenho.

E é nesse momento que gestores tradicionais cometem alguns pecados mortais, como:

> não analisar e definir profundamente os problemas de performance da equipe;
> generalizar os problemas para toda a equipe, como se todos os funcionários estivessem manifestando o comportamento problemático;
> ignorar outros fatores de performance — como falta de equipamento, dinheiro, meios físicos, a própria competência dos gestores, sistemas mal desenhados, processos frágeis —, como se os problemas de desempenho dependessem somente das habilidades da equipe;
> trabalhar na resolução dos sintomas, não das causas específicas;
> recompensar os que trabalham muito bem com mais acúmulo de tarefas e responsabilidades, sem observar o verdadeiro reconhecimento e a distribuição justa de papéis.

A manifestação de somente um ou dois desses comportamentos gerenciais inadequados e ineficientes é suficiente para aumentar o nível de confusão e descomprometimento da equipe, baixando consideravelmente os níveis de performance e engajamento dela.

Surfando com excelência na turbulência

Mesmo com tanta pressão por resultados, com tantos problemas no dia a dia dentro da empresa, com pouco tempo para se desenvolver e gerenciar eficazmente sua equipe, você continua o responsável pela entrega dos resultados dela.

Dedicando um pouco de tempo para compreender os conceitos e práticas demonstradas nesse livro, você poderá executar um conjunto de procedimentos capazes de melhorar significativamente sua performance como gestor, conduzindo e engajando sua equipe a executar com mais consistência os objetivos entregues a ela.

Meu objetivo primário é ajudá-lo a desenvolver suas competências como gestor estratégico de pessoas, assim como maximizar os resultados por meio da sua equipe. Esse é o foco. Você irá conhecer os conceitos e práticas da gestão da singularidade e aplicá-la imediatamente na sua equipe.

Você terá condições de conhecer:

> o que exatamente é gestão da singularidade e em que contexto ela se aplica;
> como melhorar os resultados da equipe, integrando orientação, engajamento e capacitação no próprio ambiente de trabalho;
> como impactar a produtividade pelo desenvolvimento singular da sua equipe;
> como analisar e interferir positivamente nos fatores que alavancam o desempenho e engajamento da equipe;
> como organizar contextos capacitantes para que a equipe produza e incorpore os conhecimentos estratégicos relevantes.

Complexidade, volume de demandas, funcionários novos, detalhes de procedimentos e resultados alcançados. Tudo isso existe e pode ser equacionado quando você oferecer mais suporte e conhecimento de qualidade à sua equipe, criando capacidade de atuação para fazer o que precisa ser feito de maneira correta. Menos motivação do tipo "descer o rio fazendo rafting" — nada contra, só são contextos diferentes —, e mais *coaching*, com foco nos processos e tarefas que possam ser melhorados e que impactam positivamente sua performance.

Surfe a turbulência externa e elimine a turbulência interna.
Leve sua equipe ao topo. Por meio da singularidade
você prepara uma equipe de alta performance
para apresentar resultados de nível excelente.

CAPÍTULO **3**

GESTÃO DA SINGULARIDADE

O CONCEITO DE GESTÃO DA SINGULARIDADE

> Gestores precisam estar atualizados: singularidade alinhada às principais práticas de gestão.

> Quais os benefícios de se trabalhar com a gestão da singularidade.

> A conexão entre orientação, engajamento e capacitação.

> O que é gestão da singularidade aplicada ao contexto de gestão de pessoas e de desempenho.

> Respeitar os diferentes níveis de produtividade dos talentos e utilizá-los a favor dos objetivos.

> Não só classificar, mas mobilizar para os resultados e melhorar a performance individual dos talentos de sua equipe.

> A metáfora que deve guiar o gestor é deixar de jogar damas e passar a jogar xadrez.

> Identificar quais são as responsabilidades e áreas-chaves que fazem de você um melhor gestor.

> A partir disso, iniciar a jornada de aprendizagem: sair da gestão simples para a complexa.

Gestores precisam estar atualizados: singularidade alinhada às principais práticas de gestão

Uma pesquisa realizada pela MicroPower Consultoria (micropower.com.br) em 2011 identificou as melhores práticas de gestão de pessoas que impactam positivamente na performance empresarial:

› O processo de avaliação de performance inclui planos de desenvolvimento para o período de trabalho seguinte.
› Os líderes recebem treinamento para a condução de uma entrevista de avaliação de performance.
› Existem critérios definidos para medir a qualidade do processo de avaliação de performance.
› Há um processo para tratar as pessoas com performance insatisfatória.
› A avaliação inclui outras informações além do julgamento dos líderes, tais como evidências de performance.
› O processo de avaliação de performance é consistente em toda a organização.
› Os colaboradores recebem *feedback* de sua performance mais do que uma vez por ano.
› *Feedback* de 360° é utilizado para apoiar o processo de avaliação de performance.
› O processo de avaliação de performance inclui revisão contínua de objetivos e *feedback* dos gestores.

A MicroPower constatou que as empresas de maior performance aplicam um número maior de práticas de gestão de pessoas.

Enquanto alguns poucos gestores compreendem a importância da gestão estratégica de pessoas como um fator crítico de sucesso para a sustentabilidade da organização, outros a consideram um desafio quase impossível de realizar, tamanha a dificuldade em lidar com pressão, tempo e com pessoas despreparadas e desmotivadas.

O que para alguns gestores será um projeto quase impossível, para outros será uma grande oportunidade de escalar novos níveis de desempenho com sua equipe.

Milhares de empresas precisarão entrar cada vez mais no furacão da complexidade e das mudanças e enfrentar os grandes mares da inovação.

A missão terá sucesso se houver um bom barco (estrutura e modelo de gestão), um bom capitão (gestor) e uma tripulação (equipe) madura, hábil e que respeita os princípios de uma navegação eficaz e valorosa.

A realidade brasileira demonstra que talentos preparados, educados e com espírito empreendedor são coisa rara hoje em dia.

Mais do que recrutar talentos, você, gestor, precisará prepará-los para aprender rapidamente os conhecimentos que geram valor para a empresa e para os clientes. Também é necessário saber como engajá-los, para que se comprometam com as mudanças e superem as barreiras e os obstáculos com perseverança. É preciso ainda orientá-los para atuar de maneira eficaz e valorosa, preparando-os para alcançar e superar os objetivos da organização.

Quais os benefícios de trabalhar com a gestão da singularidade?

1. Um grande preparo dos talentos para conhecer e aprender os *objetivos, princípios* e *regras* que geram uma experiência de valor para o cliente e para a cultura da organização. Num momento no qual é bastante difícil recrutar talentos bem preparados e maduros, a *compensação na capacitação* é fator crítico de sucesso para que a empresa consiga executar de maneira excelente sua estratégia.

2. O talento se sente tão seguro e confiante em ser o guardião do valor e embaixador da marca, pois possui um *respaldo hierárquico* na figura do *gestor exemplar*, que apoia e confirma os princípios e as regras que devem ser manifestados, criando assim o verdadeiro engajamento da equipe. Isso diminui substancialmente o receio de comunicar incongruências e dissonâncias na gestão, pois o talento está protegido e, ao mesmo tempo, protegendo a *justiça de procedimentos* e a *meritocracia* da empresa de qualquer obstáculo que a impede de criar e manifestar o conhecimento relevante que tem a capacidade de entregar o melhor produto, serviço ou experiência para seus clientes e funcionários.

3. As regras, critérios e valores estabelecidos em comum acordo dão *poder e autonomia* para qualquer um monitorar e incentivar comportamentos alinhados à estratégia e à marca, assim como audita e corrige atitudes incorretas e indevidas, promovendo sempre o respeito e os incentivos justos.

4. Há um *engajamento* maior porque os funcionários experimentam sentido no que está acontecendo e no que estão fazendo, pois são constantemente orientados a fazer o melhor, mesmo diante da complexidade e turbulência das situações do dia a dia. Gestores da singularidade, ao mesmo tempo em que declaram o certo de modo correto, também o manifestam, monitoram e promovem incentivos justos. Os funcionários observam seus pares, gerentes, supervisores e diretores agindo de forma eficaz e correta e conseguem constatar que o valor declarado, que é aspiracional, também é manifesto e operante no ambiente organizacional.

Desejo que você, como gestor da singularidade, crie uma perfeita conexão entre orientação, engajamento e capacitação para que sua equipe possa produzir resultados superiores aos atuais.

TALENTOS APRESENTAM UMA CHANCE MAIOR DE REALIZAR SEUS OBJETIVOS QUANDO APRESENTAM A INTEGRIDADE DESSES TRÊS ELEMENTOS DE GESTÃO

Se algum dos elementos falta, isso acaba por reduzir a produtividade e o engajamento do talento.

Se por algum motivo um funcionário não manifesta habilidade total para fazer aquilo que é proposto, o gestor investirá tempo e conhecimento para poder capacitá-lo.

Ou então o funcionário pode estar desalinhado com os valores, princípios ou objetivos da organização. Nesse caso, o gestor pode orientá-lo e integrá-lo nesse processo, fazendo-o compreender a importância de participar ativamente na cultura da organização. E se o gestor descobre que a falta de engajamento é provocada por algum fator externo de desempenho, ou seja, a empresa está transmitindo sinais de incongruência ou desconexão, pode desenvolver imediatas iniciativas de consonância e congruência para que a experiência de trabalho seja inteiramente coerente com o que a marca declara e manifesta.

Por exemplo, talentos que possuem direção e engajamento, mas carecem de habilidades, assemelham-se às pessoas que correm em uma esteira. Olham para frente, dispendem grande energia, mas não conseguem sair do lugar.

Talentos que possuem engajamento e habilidades, mas não têm direção certa, assemelham-se àquelas mangueiras de irrigação que ficam rodando em volta de seu próprio eixo. Possuem grande energia e força, estão fazendo várias coisas ao mesmo tempo, mas nunca conseguem chegar a qualquer lugar, pois atiram para todos os lados. Apresentam dificuldade para realizar de maneira exemplar uma coisa única, com início, meio e fim, pois seus objetivos mudam a cada segundo.

Talentos que possuem direção e habilidades, mas carecem de engajamento, assemelham-se àqueles críticos de poltrona. Sabem de tudo, criticam a todos, estão todos com os planos desenvolvidos dentro de sua mente, mas não têm energia para fazê-los. Deixam tudo para amanhã, procrastinam, esperam que outros façam por eles aquilo que eles mesmos têm de fazer.

A CONEXÃO ENTRE ORIENTAÇÃO, ENGAJAMENTO E CAPACITAÇÃO

1 – Orientação

Orientar é oferecer aos talentos a direção a ser percorrida. O gestor representando a bússola, o farol, o norte. É saber dizer para onde vão e o que querem alcançar.

Assim como é papel do gestor construir o significado da estratégia, também devem produzir a compreensão e o engajamento, demonstrando a razão de se escolher determinado caminho. Envolver e clarificar o que vão ganhar se forem juntos — gestor e talentos — e o que podem perder se não o fizerem.

É preciso esclarecer a *promessa estratégica*. Definir quais objetivos, metas quantitativas, indicadores, planos de ação e competências precisam realizar para executar a estratégia com excelência e maestria.

2 – Engajamento

Engajar é explicitar as regras, as condutas, os valores e os princípios necessários para competir com ética e eficácia. É também desenvolver e comunicar iniciativas e comportamentos para fazer o certo de maneira correta.

Engajar também é minimizar ou eliminar os bloqueios e barreiras de performance que impedem a equipe de manifestar autonomia, excelência e foco no propósito estratégico. É construir e fomentar sinais de coerência entre o que a empresa declara e o que ela manifesta em todos os espaços e cantos da organização.

É preciso desenvolver espaços de conversação onde funcionários estejam dispostos a comunicar, acompanhar e ajudar a empresa a manifestar coerência entre o declarado e o manifestado.

3 – Capacitação

Capacitar é acompanhar e treinar funcionários com alta habilidade e responsabilidade para organizar e realizar o seu conjunto de tarefas, procedimentos e valores, conseguindo cumprir com aquilo que prometeram entregar em termos de competência, princípios e tarefas.

É também atualizar constantemente as equipes para que possam aprender novos procedimentos e tarefas em momentos de mudança, conseguindo aprimorar suas competências e expandindo sua capacidade de ação.

Além disso, é preciso oferecer *feedbacks* precisos e relevantes, orientados sempre para a melhoria de performance e alcance de seus objetivos.

A GESTÃO DA SINGULARIDADE TRABALHA EM QUATRO FOCOS DE ATUAÇÃO PARA A MELHORIA DOS RESULTADOS PELAS PESSOAS

São eles:

> Ajudar o gestor a *melhorar os resultados da equipe*, construindo práticas integradas de gestão (orientação, engajamento, capacitação) que maximizam os indicadores de entrega, engajamento e proficiência do conhecimento estratégico.

> *Avaliar os talentos* de sua equipe de forma mais precisa e profunda, desenvolvendo planos de melhoria e reconhecimento baseados nos três níveis de performance, com processos meritocráticos e justos, impactando no desempenho e engajamento da equipe.
> Construir *feedbacks* e *capacitações específicas* sobre como executar a estratégia para os talentos de diferentes níveis de performance e engajamento, melhorando o conhecimento singular e coletivo da equipe.
> *Aprimorar* as *competências do gestor*, posicionando e destacando-o como um verdadeiro gestor estratégico de pessoas, pela aplicação ética e eficaz de suas práticas de gestão.

Cada passo que o gestor da singularidade dá na direção de construir essa conexão entre orientação estratégica, engajamento e capacitação levará a empresa a apresentar melhores resultados comerciais e sociais, garantindo que os objetivos estratégicos e o valor da marca sejam manifestados em cada ato da organização.

Dentro dessas três áreas de atuação do gestor, você terá a oportunidade de conhecer as trinta práticas de gestão, ou competências de gestão, destacando as nove de alto impacto, capazes de modificar para melhor o desempenho do gestor e, consequentemente, o da equipe. No capítulo 7 você saberá como utilizar essas práticas para solucionar os maiores problemas com gestão de pessoas, assim como, por meio delas, aumentar sua produtividade como gestor e maximizar os resultados da equipe.

AVALIANDO DIFERENÇAS DE PRODUTIVIDADE ENTRE TALENTOS

Existe uma considerável diferença de produtividade entre os talentos de alta, média e baixa performance. O gestor da singularidade compreende e utiliza essas diferenças para produzir conhecimento específico e relevante, alavancando a performance a partir dos níveis de desempenho e também das etapas dos processos em que se encontram.

Enquanto para o Talento A a melhoria de seu desempenho significa espaço para atuar, para o Talento B significa maior direção e acompanhamento, e, para o C, significa cobrar e prescrever especificamente as tarefas que geram valor.

O gestor gera uma grande melhoria em seus resultados quando consegue observar as necessidades individuais de seus talentos e oferecer tratativas condizentes com elas mesmas, impactando positivamente na velocidade e consistência de suas entregas.

É isso que a organização, os talentos e os clientes esperam do gestor: performance e valor superiores, apoiados por um gestor inteligente e com alta habilidade para criar, transmitir e incorporar conhecimento relevante.

> Ao aplicar o modelo de gestão da singularidade, o gestor estará apto a orientar, engajar e capacitar sua equipe de forma diferenciada para obter melhores resultados financeiros, engajamento e, principalmente, traduzir e incorporar o conhecimento estratégico que produz valor para a empresa e desejo para o cliente.

NÃO DÁ MAIS PARA TRATAR TODOS DA EQUIPE DA MESMA MANEIRA

A gestão da singularidade procura tratar os elementos da equipe não como um número, um bando, como massa ou como estatísticas, mas como agentes e sujeitos de realização e transformação de conhecimento estratégico, que têm uma história única de contribuição, disposição e proficiência.

Contrapõe-se ao modelo tradicional, no qual o gestor trata toda a equipe de forma generalizada, comunicando, engajando e treinando todos com o mesmo conteúdo, como se todos estivessem atuando e comprometidos do mesmo jeito.

De perto, ninguém é igual!

Atuando de forma mais próxima das equipes de alta performance, observei que existem três grupos de entrega: um pequeno que entrega de 85 a 120% da meta, um segundo grupo, maior, que entrega de 60 a 84%, e um terceiro, que entrega abaixo de 60% da meta.

Ou seja, ao mesmo tempo tem-se pessoas que estão engajadas, outras não engajadas e um terceiro grupo de desengajados (nomenclatura Gallup).

Então, constatei que, em termos de aplicação e incorporação do conhecimento estratégico, há um grupo que se comporta como aprendiz (não sabe claramente o que fazer e ainda não faz direito), outro como proficiente (sabe o que precisa fazer e faz, precisando de apoio) e um terceiro como especialista/mestre (sabe o que precisa fazer e o faz muito bem, mesmo em momentos de adversidade ou mudança, serve como exemplo e tem capacidade para ensinar).

Quando o gestor analisa os talentos de sua equipe por essa perspectiva, fica claro que utilizar estratégias iguais de orientação, mobilização e capacitação não alcança a potencialidade dos resultados da equipe. É como se estivesse alimentando somente com arroz e feijão todos os atletas de um time profissional de futebol, que precisam de nutrientes completamente diferentes para ter desempenho de alto nível.

> Em gestão, já falamos de singularidade há algum tempo.

Theodore Levitt foi pioneiro nos estudos da importância do marketing no novo mundo dos negócios e, em 1976, já trazia consigo o espírito da singularidade: "Não existe uma maneira certa de um líder agir ou se comportar. O que há são maneiras adequadas a tarefas específicas de empreendimentos específicos em condições específicas".

Elliott Jaques, em 1976, escreveu *A General Theory of Bureaucracy* e desenvolveu a teoria de sistemas estratificados, demonstrando que a capacidade de melhoria de um profissional provém do nível de exigências e complexidades que seu estrato (nível) consegue suportar. Quando oferecemos trabalhos entediantes ou sobrepujantes, muito abaixo ou acima de sua capacidade, tanto sua performance quanto seu engajamento diminuem sensivelmente.

Peter Drucker escreveu em 1999 sobre as lições de liderança que teve com seus mentores. A primeira lição que aprendeu com eles foi tratar as pessoas de maneira diferente, com base em seus pontos fortes.

Stephen Drotter, em 2001, lançou o modelo *Pipeline* de liderança[1], com a premissa de que os líderes se desenvolvem melhor quando buscam os resultados corretos para o seu nível específico de liderança.

Nonaka e Takeuchi confirmam que "o mundo precisa de líderes que façam julgamentos cientes de que tudo depende do contexto, que tomem decisões cientes de que tudo está mudando e que ajam com a consciência de que tudo depende de fazê-lo na hora certa".

Ram Charan afirma que um *master líder* precisa elevar continuamente o nível do seu conhecimento e de sua equipe, avaliando e desenvolvendo cada um de seus talentos em profundidade e com o máximo de precisão possível.

A IBM vem trabalhando com *softwares* de análise de dados e análise preditiva, capaz de encontrar as singularidades de seus clientes, oferecendo a eles uma experiência de compra única, aumentando o desejo do cliente pela marca e, consequentemente, a receita das empresas que utilizam os serviços da IBM.

A finalidade não é classificar profissionais, mas expandir suas capacidades de pensamento e ação para alcançar seus objetivos.

> O modelo não tem como finalidade a classificação ou rotulação de profissionais, mas a perfeita análise das contribuições e disposições de cada sujeito para que o gestor possa oferecer orientação, mobilização e conhecimento específico que permitam aos talentos alcançarem rapidamente suas metas e seus objetivos.

---

1. Saiba mais em <http://www.drotterhr.com/>.

Muitas empresas que utilizaram o *Modelo de Curva Forçada*, que teve grande repercussão com Jack Welch na GE, constataram dificuldade em sua aplicação e não tiveram boa aceitação pelos seus funcionários, mesmo ele sendo excelente.

O problema não estava na eficiência do modelo e sim na compreensão, consciência e habilidade dos gestores em como utilizá-lo. Em vez de os gestores utilizarem as informações para prover conhecimentos e aprimorar seus talentos, melhorar o sistema desenvolvido e aperfeiçoar sua estrutura, limitaram-se apenas a classificar e rotular os talentos da equipe, utilizando o modelo apenas para ironizar e punir os que tinham performances médias ou baixas.

Havia rotulação, mas não havia competência suficiente dos gestores para criar tratativas diferentes para talentos diferentes, ajudando-os a melhorar seu nível de performance.

A DESCOBERTA DA SINGULARIDADE NO DIA A DIA DA GESTÃO

Em uma era na qual os ativos intangíveis representam a tônica de diferenciação de uma empresa e a gestão empresarial é tão complexa e repleta de detalhes, não é mais produtivo comunicar, engajar e capacitar de maneira igual e pulverizada, pois a informação acaba se dispersando.

Gerenciar genericamente também não atende às necessidades reais das situações-problema, acabando por desperdiçar todo o arsenal de informações que foi disponibilizado para alcançar os resultados desejados.

Você já passou pela situação em que foi fazer um curso ou MBA que começava às 20h e a maioria dos alunos chegou atrasada?

Você entrou na sala dez minutos antes e ficou esperando o evento começar. O professor chegou em cima da hora, e esperou mais quinze minutos pelos atrasados. Quando eles chegaram, o professor deu um sermão para toda a classe, sobre a importância de se chegar no horário.

No dia seguinte, aconteceu a mesma coisa e o professor novamente só começou a aula depois que os atrasados chegaram. Você chegou sempre dez minutos antes e teve de ouvir um sermão que não era para você.

Não é desmotivador? É completamente disfuncional e fora de propósito.

O professor dá o sermão, reclama dos atrasados, mas sempre começa a aula somente depois que eles chegam. Sob uma perspectiva comportamental, o professor ignora quem chega cedo ou no horário e premia os atrasados, pois, na verdade, só começa a aula quando eles chegam. Isso é o que chamamos de um incentivo injusto. É ignorado o compromisso de quem chega cedo e é premiado quem chega atrasado, pois todos precisam esperar para começar a aula.

Perceba que o sermão não funciona em nada, pois não faz que os atrasados cheguem no horário. Faz, sim, que uma parte da sala comece a chegar às 20h10, pois sabem que tudo vai começar mesmo às 20h15.

O que o professor deveria fazer era, simplesmente, cumprir o que foi acordado. Se a aula começa às 20h, o professor deve começar no horário, gerando incentivos para quem chega antes e consequências para aqueles que manifestam comportamentos em desalinhamento com o acordado.

No meio organizacional é a mesma coisa.

A equipe de vendas está entregando abaixo do esperado.

O gestor reúne todos num auditório e dá uma bronca em toda a equipe, pois ela não está entregando o desejado.

Acontece que, quando você faz uma análise mais profunda, constata que das 300 unidades que cada um precisa vender:

> 10% da equipe está entregando acima de seus resultados (300 a 330);
> 30% está batendo a meta (300);
> 40% está abaixo da meta (250 a 299);
> 20% está muito abaixo da meta (170 a 249).

Você tem 40% da equipe que não precisa ouvir essa chamada, e que, na verdade, deveria estar sendo parabenizada pelos resultados. O gestor está comunicando de maneira pulverizada, acreditando realmente que os que estão abaixo da performance vão melhorar suas ações por causa desse pronunciamento.

A questão é que mesmo depois dessa lavada não há nenhuma estratégia de desenvolvimento segmentada ou nenhum acompanhamento mais detalhado da performance de cada vendedor. O que você terá será uma melhoria insignificante, assim como um desgaste dos talentos que estão trabalhando de maneira assertiva. Um desânimo generalizado, pois os de alta e média performance estão sendo tratados como os de baixa.

Como possível resultado dessa insatisfação, o gestor vai solicitar um treinamento para maximizar as vendas ou um trabalho motivacional para engajar a equipe.

Então, 40% da equipe que entregaram os resultados vão precisar assistir a esse treinamento e aprender aquilo que já sabem.

Na verdade, esses que estão entregando acima do esperado estarão perdendo um tempo precioso em sala de aula, e ficarão angustiados, pois não sentem que estão aprendendo algo novo e poderiam, sim, estar vendendo mais.

Para aqueles que não entregaram os resultados prometidos, você não vai ter a garantia de que melhorarão seus resultados, pois a maioria dos problemas de performance não são resolvidos com treinamento ou motivação, se não forem construídos de maneira singular, específica e detalhada para cada profissional.

VOCÊ PODE FAZER MELHOR

O gestor tradicional joga damas e não xadrez. Ele é aquele gestor que ainda trabalha no padrão comando/controle. Que opta pelo seu estilo próprio de gestão (fazer do seu jeito pessoal) em vez de utilizar competentemente as práticas gerenciais. Robert Sutton, Professor de Ciência de Gestão na Escola de Engenharia de Stanford e pesquisador na área de gestão baseada em evidências, demonstrou que esses gestores tradicionais, quando exercem poder e têm a sensação que podem mandar nos outros, se perdem no papel estratégico de servidor de conhecimento e passam a manifestar três modelos de comportamento:

1. Concentram-se mais naquilo que eles próprios precisam e desejam.
2. Dão menos atenção àquilo que os outros precisam, desejam e fazem.
3. Passam a agir como se as regras expressas e implícitas que todos na empresa devem seguir não valessem para eles.

Com estilos próprios de gestão eles criam ambiguidades de decisão tanto na estratégia quanto nos valores empresariais. Apontam erros, mas não oferecem orientação precisa sobre o que fazer quando os principais problemas acontecem, distanciam-se e não acompanham os processos. Não conseguem oferecer um *feedback* construtivo e eficaz, utilizando de suas energias apenas para cobrar. Não avaliam corretamente as entregas e problemas de performance de suas equipes, frequentemente punindo quem vai bem com mais trabalho alheio e recompensando quem vai mal com benefícios indevidos.

O modo como gestores tradicionais conduzem o negócio tem pouco a ver com a estratégia traçada pela empresa. A maneira como se distribuem os recursos, as tarefas, as responsabilidades, os reconhecimentos e as recompensas tem consequências vitais para a execução da estratégia.

O que o gestor tradicional precisa levar em consideração é que não deve esperar resultados expressivos em termos de entrega de desempenho e engajamento quando comunica e motiva todos da mesma forma, o que acaba por criar um processo injusto, improdutivo, coincidentemente um dos grandes motivos de falta de engajamento na empresa.

Outro exemplo são as avaliações de competência em que todos da equipe são avaliados com notas boas, somente para poder ganhar o bônus promovido pela avaliação de desempenho.

Na prática, sabemos que somente uma pequena parte realmente alcançou seus resultados e merece essas notas. Mas, mesmo assim, todos ganham o bônus.

Ou seja, quem realmente trabalhou e entregou acima da média ganha o mesmo valor ou reconhecimento daquele que foi abaixo da média.

A insatisfação de talentos de alta e média performance em relação à avaliação de desempenho feita dessa forma demonstra que ela não qualifica, reconhece ou destaca excelentes comportamentos nem faz crescer na empresa quem realmente se empenha e entrega resultados superiores.

Para ser justo, no modelo da singularidade, não é preciso conhecer peculiaridades ou necessidades pessoais de cada um numa equipe grande de profissionais, mas, sim, começar o processo de singularidade verificando que existem três níveis diferentes de performance e oferecer orientação, engajamento e capacitação para cada um desses níveis.

A compreensão dos diferentes níveis visa a oferecer conhecimento e engajamento específicos para que os talentos sejam mais produtivos e autônomos, ganhando mais capacidade de realizar suas metas.

A maioria dos gestores que não têm uma gestão segmentada de talentos trata a equipe de forma genérica, não consegue identificar e administrar individualmente o desempenho de sua equipe e acaba se queixando frequentemente do baixo rendimento, da resistência à mudança, da desmotivação e do descompromisso com os resultados.

Ao analisar as ações desses gestores tradicionais, observamos:

1. Uma comunicação generalizada, que não acerta quem realmente deve receber essa informação ou fazer uma ação correta.
2. Um treinamento pulverizado que não acerta na melhoria de performance daqueles que precisam realmente melhorar.
3. Um trabalho de engajamento que não acerta na mobilização de todos, pois o verdadeiro engajamento provém da construção de sentido e significado, e não somente da melhoria do estado anímico dos talentos. Os talentos de alta performance se motivam por coerência estratégica, e não porque vão para um hotel luxuoso fazer sua convenção ou porque fazem *rafting* (mais uma vez, nada contra). A questão é que o calor da atividade motivacional da sexta-feira não resiste à frieza dos problemas da segunda-feira.

Você tem um grande esforço de comunicação, informação e engajamento e percebe que seus resultados não acontecem do jeito que queria? Muitas vezes fica frustrado e irritado com sua equipe, tendo a sensação de que eles não rendem ou produzem o que precisariam produzir?

Se você tem uma segmentação de seus talentos, você consegue saber mais precisamente o que está acontecendo com sua equipe e do que estão precisando em termos de orientação, engajamento e capacitação.

Se você não segmenta, não sabe quem precisa de mais habilidade, engajamento ou capacitação. Fica dando sermão em quem não merece e deixando de cobrar performance e atitude de quem precisa ser cobrado. Acaba por promover comunicação e incentivos injustos, e isso é terrível para quem trabalha e entrega de forma competente e justa.

Se você não segmenta, você joga damas.
Se segmenta, passa a jogar xadrez.
E é justamente por jogar damas que muitos
talentos de alta performance vão embora
ou acabam tendo um desempenho
abaixo do seu potencial.
Pois, dessa forma, o gestor acaba transmitindo
que não há problema se alguém promete
e não cumpre; que não há problema se alguém
entrega abaixo do esperado, pois provavelmente
irá ganhar o mesmo que quem fez mais;
que não há problema em fazer algo indevido,
pois não há consequência alguma
para quem está agindo dessa forma
e os problemas serão redistribuídos
para a equipe.

Ao jogar xadrez, sua atuação como gestor melhora, pois você, em vez de tratar sua equipe de forma igual, comunicando-se, engajando e capacitando de forma pasteurizada, passa a conhecer suas habilidades, seus interesses e suas performances, podendo construir soluções mais eficazes, com maiores chances de alavancar os resultados de sua equipe.

Agora, observe o seguinte gráfico:

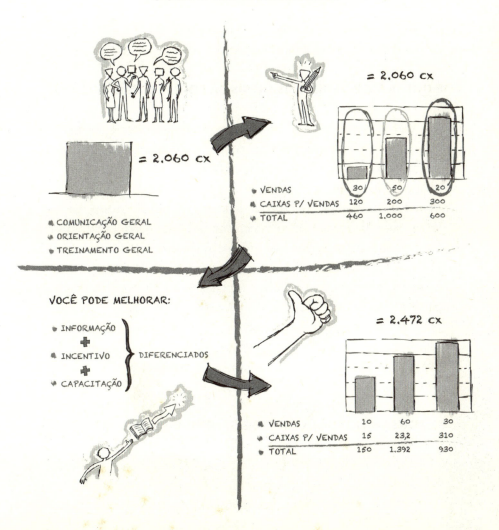

Você pode melhorar a performance e o resultado de sua equipe quando consegue segmentar os talentos com a finalidade de:

> tratá-los de forma justa, manifestando a devida orientação e incentivo adequado;
> comunicar e engajar melhor, ganhando rendimentos de produtividade individualizados;
> capacitar e potencializar sua performance, pois sabemos que temos talentos que rendem de maneiras diferentes.

Você pode gerenciar sua equipe de forma singular, ajudando-a a expandir suas capacidades e desenvolvendo seu potencial de entrega.

POR QUE TRATAR OS PROFISSIONAIS DA EQUIPE COMO *SUJEITOS*?

1. Porque o talento tem uma história de contribuição, disposição e proficiência que deve ser respeitada, e, em tempos de complexidade e mudança, não devemos tratar esse profissional do conhecimento como qualquer um.
2. Porque, em ambientes de alta performance, não temos o luxo de perder ou desperdiçar informação ou conhecimento relevante que o talento pode produzir ou manifestar, ajudando a equipe a cumprir com suas promessas.
3. Porque o talento tem o direito de saber seu nível de contribuição e receber reconhecimento, *feedback* e conhecimento de acordo com suas entregas, sua disposição e sua proficiência.
4. Sabendo da história (entrega, disposição e proficiência) de seus diferentes talentos, o gestor pode oferecer e também produzir conhecimento específico e relevante, que o ajude a alcançar mais rápida e consistentemente seus objetivos e suas metas.

A RESPONSABILIDADE DO GESTOR DENTRO DA SINGULARIDADE

C.K. Prahalad e Gary Hamel fincaram a bandeira das competências essenciais nas organizações, destacando-as como o grande diferencial competitivo pela sua "habilidade de construir, a menor custo e mais rapidamente do que os concorrentes, as competências essenciais que originarão produtos inesperados".

Essas competências realmente são valiosas quando mais de 75% dos talentos na organização as possuem e as manifestam. Os gestores têm a missão de criar, transmitir e incorporar as competências, a fim de que possam ser manifestadas em cada ato na organização.

Fleury e Fleury no livro *As pessoas na organização* definem competência essencial como "um saber agir responsável e reconhecido que implica mobilizar, integrar, transferir conhecimentos, recursos, habilidades, que agreguem valor econômico à organização e valor social ao indivíduo".

O gestor da singularidade potencializa sua equipe, com habilidade e disposição para:

> orientar sua equipe para o alcance dos *objetivos estratégicos*, coordenando os *fatores de desempenho* que possibilitem a ela ser mais eficaz e produtiva;
> administrar os valores, regras e critérios estabelecendo a forma pela qual a organização conduz as políticas e os processos, assim como os funcionários se engajam e se comprometem a realizar da melhor maneira possível seu trabalho;
> produzir *conhecimento relevante* que dê consistência e robustez aos procedimentos e tarefas que foram desenhados para alcançar os mesmos objetivos estratégicos.

As premissas lógicas que maximizam os resultados por meio da conexão entre orientação, engajamento e capacitação são:

> não há empresas sustentáveis sem uma proposta de valor atraente para o cliente;
> a condição do cumprimento da proposta de valor ao cliente está diretamente ligada à capacidade da empresa em produzir uma excelência operacional;
> a excelência acontece quando os talentos estão devidamente orientados, engajados e capacitados para que realizem as ações estratégicas e o valor da marca;

> maximizar os talentos da organização é possível quando há uma perfeita conexão entre a clareza daquilo que eles precisam realizar e os conhecimentos específicos que garantam sua superior atuação;

> o presidente e seus gestores devem checar e promover constantemente essa conexão para que ela se apresente em tudo na organização, manifestando assim a valorizada coerência estratégica;

> sem essa conexão a empresa perde tempo, engajamento e dinheiro, mas principalmente perde o conhecimento relevante (que não foi criado, disseminado e devidamente internalizado), altamente necessário para a construção do sucesso sustentável da empresa.

Faz parte de sua responsabilidade:

> garantir que o conhecimento estratégico e o valor da marca sejam conhecidos e *fluam* por todos os espaços da organização. Significa mais do que criar e disseminar o conhecimento, significa que deve incorporá-lo e manifestá-lo;

> garantir a expansão da *capacidade* de pensamento e *ação* da equipe pelos espaços de criação de conhecimento e do domínio da execução de novas competências e novos processos;

> criar para cada talento contextos de *significado* em sua função e responsabilidade, de modo que realize seu trabalho com mais *comprometimento* e engajamento;

> definir critérios funcionais de desempenho pelos quais a equipe possa ser acompanhada e avaliada, não para ser meramente classificada (como acontece frequentemente), mas para orientá-la a fim de que domine o processo de conhecimento que leva à realização das metas com fluência e naturalidade.

O QUE O GESTOR PRECISA PARA ATUAR NA SINGULARIDADE?

Vou apresentar os quatro elementos de forma sintética, para desenvolvê-los melhor nos capítulos seguintes, quando demonstrarei como fazer e aplicar cada um desses elementos e produzir melhores resultados com seus profissionais.

1. **Ter um painel de desempenho** de sua equipe onde o gestor possa visualizar claramente quais e quantos profissionais estão em alta, média e baixa performance. Esta é uma das formas eficazes de instalar e gerenciar a avaliação de desempenho e de meritocracia. Com o Mapa de Performance, você tem um Mapa de Desenvolvimento que ajuda a estabelecer as competências e tarefas que cada um precisa aprimorar e aplicar para melhorar seu nível de entrega.

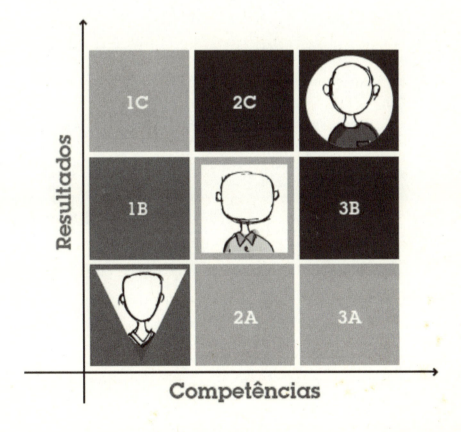

Com o Mapa de Desempenho e de Desenvolvimento, o gestor consegue observar claramente o fenômeno da singularidade, pois evidencia que o Talento A consegue ter desempenho melhor com um plano de desenvolvimento coerente com seu nível.

Talento A

O nível do Talento A é diferente do apresentado pelo Talento B, que tem performance e necessidades distintas.

E o Talento C também é diferente, e merece ser desenvolvido dentro de suas potencialidades, específica e precisamente.

O Mapa de Performance ajuda a compreender como os talentos estão assimilando as informações e conhecimentos. Promovem a exata noção das realizações e das possíveis dificuldades de execução dos objetivos propostos.

O gestor tem condições de perceber o estágio do processo no qual se encontram os talentos e promover *feedback* e desenvolvimento para que eles possam avançar em sua trilha de performance e realização.

2. **Saber avaliar e aplicar procedimentos justos** baseando-se nesses três diferentes níveis de perfomance, com processos e regras claras para inclusive tratar performance, engajamento e aprendizagem abaixo do esperado. Hoje, você vê muitos modelos de avaliação em que toda a equipe tira nota alta, apenas para receber um bônus, mas os resultados comerciais não são condizentes com a avaliação de performance. Muitos não trabalham à altura do bônus, mas o recebem.

Poucos trabalham muito mais, se esforçam muito mais, e recebem o mesmo bônus. E, ainda, depois vão trabalhar muito mais porque os profissionais de baixa performance não estão fazendo seu devido trabalho.

Essa dinâmica de procedimentos injustos gera uma queda de perfomance e engajamento de toda a equipe e não há dinâmica motivacional que faça aumentar os indicadores de clima e engajamento.

Em resumo, na gestão da singularidade, você reconhece somente quem realmente tem um desempenho e gera consequências, caso precise, somente para os que não entregam bem. Faz parte de um processo justo, que costuma agradar os talentos que primam por valores e performance.

A avaliação é fundamental para o processo de crescimento do talento, pois é nesse momento que há a possibilidade de discutir os resultados, processos, esforços e fatores que contribuíram ou não para a realização das metas estratégicas. Não se trata de discutir os resultados somente, mas o cerne da questão está em analisar de maneira mais precisa e profunda os problemas que o talento enfrenta e os conhecimentos que precisa aplicar para ter plena condição de alcançar seus objetivos.

3. **Construir *feedbacks* e capacitações específicas** a partir do real nível de proficiência dos elementos da equipe. O gestor não coloca toda a equipe para um treinamento de melhoria de performance, pois já tem uma parte do grupo que é especialista.

Na verdade, os treinamentos generalizados funcionam muito bem quando ninguém sabe sobre o assunto. No mais, acabam oferecendo uma pequena relevância para o aprendiz, mas quase nenhuma para o desengajado de baixa performance e para o engajado de alta performance.

Grande parte das pesquisas de retenção e engajamento de talentos tem como foco central a solicitação dos mesmos para que os gestores conheçam melhor suas habilidades e entregas a fim de promover uma orientação e desenvolvimento profissional mais consistente e rápido.

Pesquisa da DMRH/Cia de Talentos indica que os jovens talentos no Brasil estão buscando:

› oportunidade e crescimento;
› desenvolvimento estruturado;
› autonomia de decisão;

> *feedback* constante;
> valorização das ideias;
> definição clara de metas e objetivos;
> salários e benefícios diferentes.

O estabelecimento de *feedbacks* constantes
e desenvolvimento estruturado para o talento sempre
impactam proativamente nos indicadores de receita
e engajamento, assim como indicam fortes relações
positivas entre líder e liderado. É sempre bom lembrar
que as avaliações não buscam classificar, punir
ou recompensar os profissionais, mas esclarecer quais
são as missões e expectativas de perfomance, analisando
e fornecendo conhecimento capaz de fazer o talento
realizar com ética e eficácia os objetivos acordados.

4. **Remover obstáculos ao desempenho da equipe** (falta de comunicação, incoerências, resistências à mudança, visão setorial, agendas ocultas, falta de planejamento etc.), assim como criar condições diferentes para que a equipe possa transmitir, incorporar e criar conhecimento que seja fundamental para a resolução de problemas, aprimoramento ou inovação.

Uma das responsabilidades mais importantes de um líder é conseguir eliminar as ambiguidades, a confusão e as distorções de comunicação, que frequentemente bloqueiam o fluxo de informação e diminuem a velocidade com que os projetos e as tarefas são realizados. Além disso, causam muita insegurança e desconfiança, que minam o clima e o ambiente organizacional.

NA GESTÃO DA SINGULARIDADE, OS TALENTOS SE TORNAM ENGAJADOS E CORRESPONSÁVEIS PELO SEU DESENVOLVIMENTO E CRESCIMENTO

Observei que, quando o modelo da gestão da singularidade é aplicado, grande parte dos talentos se mobiliza mais para produzir seus objetivos, construindo uma cultura de pertencimento e apropriação dos desafios empresariais.

Significa que todos aumentam consideravelmente seu nível de proatividade e autonomia, de compartilhamento de informação e conhecimentos, a ponto de se conseguir o que muitos dizem ser o mais alto legado que um gestor pode deixar, que é a capacidade de se tornar dispensável.

A empresa e o gestor fizeram tão bem a sua parte de construir um sistema e uma cultura de valores e performance, que o fenômeno de maturidade e desempenho caminha em perfeita evolução. Afinal, talentos bem orientados, engajados e capacitados amadurecem mais rápido, assumindo plenamente as responsabilidades pelo cumprimento de seus objetivos.

Na gestão da singularidade, a equipe é também responsável pelo seu crescimento.

Faz parte das responsabilidades da equipe:

> buscar clareza e significado sobre a estratégia da organização;
> contribuir para o alcance dos objetivos, indicadores e metas do plano estratégico da empresa;
> buscar esclarecimento sobre as expectativas de performance, engajamento e conhecimento que precisa para alcançar as metas da empresa;
> garantir a entrega das tarefas nos prazos que foram prometidos e acordados;
> trazer informações e conhecimentos importantes que possam melhorar a produtividade da equipe e do próprio gestor.

Para a equipe ter um desempenho melhor, precisa de condições, estrutura e sistemas à altura de seu nível.

A gestão da singularidade é mais bem aproveitada quando tem o suporte de um sistema de gestão empresarial, cultura e tecnologia que estejam alinhados e voltados para a alta performance.

Não recomendo tentar incorporar um modelo como esse sem que haja um modelo consolidado de gestão estratégica e cultural que apoie essa iniciativa. Assim como acontece com o BSC, PDCA, Lean, Seis Sigma ou mesmo gerenciamento pelas diretrizes, o sucesso da implantação está relacionado com o nível de maturidade que a empresa e seus gestores apresentam para a alta performance.

Quanto mais estruturada uma organização, com modelos de gestão bem desenhados, planos bem definidos, cultura que fomenta e apoia os valores e gestores aptos para conduzir as mudanças, mais produtivo e eficaz se tornará qualquer modelo de gestão de pessoas. E, sendo bem sincero, o contrário não produz o mesmo efeito.

O IMPACTO DA GESTÃO DA SINGULARIDADE

Na prática, percebe-se melhoria em três indicadores:

> aumento de 5 a 25% da performance financeira e/ou coeficiente de execução da equipe, pois ao orientar, engajar e capacitar de forma específica os três diferentes grupos, maximizam-se seus potenciais;
> melhoria no nível de engajamento, pois cria-se a constatação de processos justos, maior maturidade e meritocracia, uma vez que reconhecemos somente quem realmente entrega e geramos consequências somente para os que têm performance abaixo da esperada. Há uma melhor distribuição das tarefas e responsabilidades por toda a equipe, oferecendo mais eficácia e velocidade na resolução dos problemas e também na criação de melhorias;
> melhoria do índice de retenção e incorporação do conhecimento estratégico, pois avalia-se a real e específica necessidade de conhecimento, criando estratégias de aprendizagem para fazer exatamente o que precisa ser feito. A gestão da singularidade promove um impacto eficaz no conhecimento, principalmente nas áreas de transmissão e incorporação das competências essenciais.

Do simples ao complexo na prática

Quero ajudar você, gestor, a tornar aplicáveis e tangíveis os conceitos utilizados até agora. Depois de muitas experiências e aprendizados, observei que poucos gestores apresentam uma prática natural e consistente de singularizar sua equipe e oferecer-lhe tratativas direcionadas.

É preciso criar um processo didático capaz de ajudar os gestores a passar do estágio de massa, depois, para grupos, e finalmente chegar na gestão singular da equipe.

Sempre perguntam por que precisamos definir três níveis de performance, encaixando os profissionais nesses níveis, se estamos falando de singularidade.

A verdade é que no mais alto nível de singularidade, você não precisa realmente ter os três níveis de performance, pois possui o domínio individual de seus talentos.

Mas para a maioria dos gestores que ainda está jogando damas, é preciso começar com alguma segmentação mais simples, na qual consiga atuar e dar conta de gerenciá-la.

Nas primeiras experimentações que fiz com gestores tradicionais, que tratam todos da mesma forma, segmentar em três já era considerado muito complexo.

Por isso, a singularidade pode ser aplicada em cinco níveis, para que o gestor vá assimilando o conhecimento novo, aprendendo as práticas e intensificando os resultados da equipe.

Os cinco níveis da gestão da singularidade

> Nível 1 — Segmentar os talentos em três níveis: descobrir como atuam, como se engajam e o que precisam em termos de conhecimento.
> Nível 2 — A construção do Mapa de Performance e do Modelo de Desenvolvimento: esclarecer os resultados e as expectativas de performance, criando condições de desenvolver planos personalizados.
> Nível 3 — Os dez fatores de performance: reconhecimento dos principais fatores de desempenho que podem tanto alavancar como bloquear o cumprimento das tarefas da equipe.

> Nível 4 — As 30 práticas de Gestão: soluções que os gestores podem aplicar para ajudar a maximizar seu próprio desempenho e o de sua equipe.
> Nível 5 — Domínio integral da singularidade: o gestor conseguindo atuar dentro do contexto, sujeito, problema e solução específicos. Atuando em alta performance no dia a dia da empresa.

Pense o nível 1, essa primeira segmentação, como a faixa branca da singularidade, e a aplicação integral de todos os outros níveis como a faixa preta, o grau máximo de singularidade.

Lembre-se que quando você tem dez pessoas para gerenciar, talvez não precise segmentar em três níveis, mas quando você tem cinquenta, sessenta ou cem talentos, funcionalmente, a segmentação é bem-vinda.

Depois de dois anos atuando intensamente com o modelo, compreendi que é preciso ter um respeito enorme pelo nível de complexidade que o gestor consegue suportar, visto que a maioria ainda apresenta grande dificuldade para dar um *feedback* eficaz ou construir tratativas personalizadas para mobilizar sua equipe e conseguir alcançar seus objetivos estratégicos.

CAPÍTULO **4**

NÍVEL 1: SEGMENTAÇÃO DOS TALENTOS

Conhecer os diferentes padrões de produtividade e como atuar para potencializar a equipe em seus diferentes níveis.

Jeffrey Pfeffer e Robert Sutton, em seu livro *A verdade dos fatos: gerenciamento baseado em evidências*, afirmam que há mais de 85 anos de estudos sobre as diferenças de produtividade entre os talentos de alta, média e baixa performance. Vilfredo Pareto, com seu 20/80 (princípio de Pareto) também demonstrou essas consideráveis diferenças.

Naturalmente percebidos, mas na maioria das vezes desconsiderados quando o assunto é melhoria de performance da equipe, são o ponto de partida para compreender como os diferentes talentos operam e gerenciam suas atividades.

Quando analisamos empresas que têm algum modelo de gestão de competência coerente com seus resultados estratégicos, essas diferenças de produtividade entre os talentos saltam aos olhos.

A gestão da singularidade aqui tratada é desenvolvida a partir da história individual de contribuição, disposição e conhecimento, baseada em três indicadores:

- entrega de resultados;
- nível de engajamento;
- nível de conhecimento relevante para as atividades-chave de sua contribuição.

Há uma composição desses indicadores para a melhoria do desempenho da equipe, porém, isso não significa que as empresas têm clareza e capacidade de gerenciamento formal e integrado desses três indicadores.

O primeiro indicador, mais fácil de obter, é o da entrega de resultados.

Normalmente as empresas têm painéis de performance ou modelos de competências.

Eis aqui um exemplo deles:

Você pode reparar que existem três níveis de performance: alta, média e baixa.

Estudos de grupo foram feitos para compreender como os talentos operam dentro desses níveis, como processam informações, como se engajam e o que esperam de seus gestores.

Pode parecer uma contradição, mas à medida que as histórias de singularidade, baseadas em entrega, engajamento e nível de conhecimento, eram conhecidas, se tornava possível perceber os padrões de atuação nos diferentes grupos. Essas informações ajudam a oferecer orientação, engajamento e capacitação diferenciados para os grupos, aumentando consideravelmente os resultados da equipe.

Sintetizei aqui as constatações obtidas:

O GRUPO A (ALTA PERFORMANCE)

São o que normalmente chamamos de resilientes, proativos, engajados.

Entregam resultados continuamente e cumprem frequentemente os VPP (valores, princípios e procedimentos). Dominam melhor as habilidades de performance, têm consciência de seu papel. Sabem o que precisam fazer para alcançar seus resultados. Transmitem grande disposição para desafios e mudanças. Gostam de oportunidades, aprendizado e de ser gerenciados por desempenho. Sugerem melhorias, são antenados e com capacidade de maior produção de ideias e de ações superiores.

É importante mencionar que não foram contabilizados como talentos de alta performance aqueles que têm alto nível de entrega, mas que não respeitam valores, que demonstram comportamentos indevidos e que apresentam comunicação e relacionamentos problemáticos. Em termos de resultados, são aqueles que estão com desempenho entre 85 e 120% do potencial da meta, ou mais.

Você pode observar como *modus operandi* constante:

1. **São baseados em performance:** querem entender constantemente a estratégia e saber como podem ser úteis e relevantes para a organização. Apreciam muito a orientação e o *feedback* voltados para a melhoria de suas funções e competências. Lidam muito bem

com gestão de desempenho, pois é assim que eles crescem e se desenvolvem.

2. **Têm bom caráter:** são emocionalmente maduros e gostam de ser justos, assim como querem também ser tratados com respeito e justiça. Entendem que fazer o correto — o que é moral, justo e mais adequado — é tão importante quanto fazer o certo — o que é inquestionável, preestabelecido. Pois agir corretamente abre espaço para as relatividades e os aspectos circunstanciais de cada situação, adaptando-se conforme a necessidade. É dar novas oportunidades. Eles procuram sempre ser transparentes, francos e honestos em suas relações, alinhando suas ações aos seus valores. Talentos que valorizam princípios e procedimentos, que respeitam e cumprem com as promessas acordadas.

3. **Entregam valor continuamente:** prezam pela constância de contribuição. Não são aqueles que jogam bem somente em uma ou duas partidas, mas que de forma dinâmica e frequente contribuem e atuam bem durante todo o campeonato. Atuam sinergicamente na construção de caixa em curto prazo e valor em longo prazo.

4. **Preferem um líder que atua no estilo relacional/processual, do que no estilo comando/controle:** como são orientados pela performance, não precisam de alguém que controle e mande fazer o que tem de ser feito, e sim alguém que possa analisar e discutir os fatores críticos de cada projeto, trocando informações atualizadas e específicas de causa e significado sobre o que precisa ser feito. Gostam de construir conhecimentos com a hierarquia superior, em vez de somente acatar direcionamentos, principalmente se estiverem em desacordo com a estratégia e os valores da marca.

5. **Se engajam por causa e coerência estratégica:** você não precisa utilizar recursos tradicionais de motivação e endomarketing com esses profissionais. Será interessante andar em cima das árvores, fazer uma corrida ou *rafting*, mas será muito mais motivador se eles compreenderem quais as verdadeiras razões e princípios que estão por trás do projeto de transformação. O engajamento virá da oportunidade de compartilhar informações ou da carta branca para colocar seus conhecimentos em ação.

Talentos assim querem espaço para aprender e compartilhar conhecimento sobre como melhorar e como ajudar a equipe e seus clientes a melhorar o trabalho e a vida.

6. **Consideram a meritocracia muito mais eficaz do que a política:** se trabalham mais e melhor, querem ser compensados e reconhecidos por isso. Se trabalham abaixo do esperado, não devem ganhar nenhum prêmio e recompensa. Simples assim. Entendem muito bem o conceito de entrega. Preferem se conectar com pessoas que se esforçam para aprender e realizar tarefas e projetos importantes do que simplesmente se conectar com outros para que façam por ele seu trabalho, ganhando bônus que não vieram do seu próprio suor, mas sim da realização de outros.

7. **Fazem além do esperado:** produzem constantemente ideias e ações que melhoram produtos, serviços e experiências de valor ao cliente, à empresa e aos colegas de trabalho. Estão sempre tentando melhorar um pouco mais a entrega, aperfeiçoar os serviços, pensar e atuar de maneira mais consistente.

O gestor da singularidade pode se beneficiar muito com esse grupo de talentos em função de sua disposição para sempre trazer ideias e novidades. Pode-se sempre **reconhecer** suas contribuições, assim como aprender a modelar e generalizar essas competências para os grupos B e C. Uma questão curiosa que sempre aparece nesses casos é que os gestores inferem que o talento nível A não precisa de reconhecimento.

Ou, por incrível que pareça, não dão o devido reconhecimento para o talento não se sentir superior e pedir aumento. Também há a crença de não reconhecer tais talentos com o receio ou medo de perder suas posições para eles.

Mas o ponto mais nevrálgico mesmo é perder esses talentos justamente pela falta de reconhecimento e pela falta de *feedback* do gestor. Por mais que entreguem bem, gostam muito de receber reconhecimento, orientações e conhecimento específico sobre como podem melhorar sua performance.

O grupo B (média performance)

São o que normalmente chamamos de coativos, não engajados e mantenedores.

Fazem o que precisa ser feito, mas geralmente carecem de fomento e de atenção em detalhes e questões de proatividade e iniciativa. Também são essenciais para a organização, pois sua capacidade para fazer o que precisa ser feito dá ritmo e constância à ela. Não se prenda a nomes ou classificações, esses talentos são fundamentais pois estão tendo desempenho entre 60 e 84% do potencial da meta.

São proficientes em um ou dois dos sete modus operandi mencionados no grupo A, portanto precisam de muito fomento e orientação sobre como melhorar suas outras características de valor e como alinhá-las aos objetivos da empresa. Ao contrário do grupo A, precisam de um gestor mais próximo, envolvente e assertivo, que manifeste frequentemente seu papel de gestor, monitorando e apoiando sua performance.

Rendem melhor quando participam de capacitação e engajamento constante, pois apresentam alguma dificuldade em ser mais proativos e ter iniciativa diante de desafios e mudanças. Não têm disponibilidade natural para inovar, pensar com criatividade, fazer algo diferente. Carecem de fomento para produzir num nível melhor.

O grupo C (baixa performance)

São o que normalmente chamamos de inativos, reativos e desengajados.

Eles são importantes para a organização, e exigem um esforço maior de gestão, pois precisam ser constantemente fomentados e cobrados por sua performance. São aqueles que têm desempenho sempre abaixo de 60% do potencial da meta. Não se pode pensar em deixar de lado esses talentos, pois, via de regra, além do desafio de melhorar a performance, há também o desafio de ajudá-los na melhoria de relacionamento entre os próprios funcionários da equipe, e, principalmente, com os clientes. Experienciei por diversas vezes clientes que deixaram de comprar em uma loja de determinado shopping e foram comprar na mesma loja da marca, mas em outro shopping, em função do mau atendimento. Na investigação e análise desse tipo de acontecimento, frequentemente encontramos funcionários desse grupo.

O grupo C pode apresentar um modus operandi diferente do grupo A. Estão mais distanciados das características naturais do grupo de alta performance e mais próximos de algumas das seguintes características:

1. **Baseiam-se em atribuição e cargo:** dão destaque maior para o poder de seu cargo e para o tempo de casa do que efetivamente para as competências e entregas que o cargo solicita. São bem resistentes à avaliação e gestão de desempenho. Apresentam pouco comprometimento com as entregas compromissadas e com cumprimento de prazos.

2. **Congenial:** atuação varia de acordo com o humor ou o gênio da pessoa. No dia em que estão bem, as coisas fluem. Quando estão de mau humor, as decisões e ações são influenciadas por emoções ou temperamentos.

   São capazes de atender mal a um cliente apenas porque não foram com a cara dele. É difícil para os congeniais seguirem as normas da empresa e é muito comum que optem por fazer as coisas do jeito deles ou do jeito que eles acham certo, mesmo sendo equivocado para a empresa ou para os clientes.

3. **Entregam abaixo do esperado:** não possuem noção muito clara das necessidades de entregar o que prometeram realizar. Apresentam pouco interesse em aprimorar seu desempenho. Atuar por desempenho não é algo importante e estarão entre aqueles que farão o mínimo possível daquilo que lhes é requisitado. Normalmente, se não há cobrança grande em cima deles, são capazes de deixar tudo para depois ou para que outro faça.

4. **Preferem um líder que atue no estilo comando/controle, do que no estilo relacional/processual:** justamente pela manifestação da característica 3 funcionam melhor no estilo comando/controle. Carecem de uma gestão na qual é preciso orientar e cobrar especifica e detalhadamente as ações e atitudes, cotidianamente, até serem capazes de realizá-las sozinhos.

5. **Solicitam mais do que produzem:** posicionam-se como se a empresa ou o gestor estivesse devendo algo ou alguma coisa a eles. Necessitam muito de reconhecimento e recompensas, mesmo se esforçando e gastando tempo com atividades indevidas ou sem relevância para a estratégia. Nas conversas ou sessões de orientação e engajamento, são aqueles que solicitam muito e oferecem pouco. Sabem bastante sobre os defeitos da empresa ou de seu líder, querem que a empresa dê muitos benefícios e bônus sem necessariamente fazer algo de relevante ou especial para merecê-los. A disposição para reclamar é inversamente proporcional à disposição para resolver problemas.

6. **Interesse feudal:** Trabalham mais para realizar coisas que seu grupo se interessa do que especificamente para fazer o que é melhor para a empresa ou seus clientes. Buscam garantir seu *status quo*, resistindo fortemente a novas ideias e ações de melhoria de procedimentos ou desempenho.

7. **Fazem só básico:** Você pode esperar desse grupo um olhar aguçado para os defeitos da empresa, do líder e de outros membros da equipe, assim como uma enxurrada de informações sobre o que a empresa deveria fazer de melhor. Mas não terá um grama a mais de esforço, pois de acordo com esse modelo mental, ele só fará a mais se receber algo a mais por isso. Pouca disposição para contribuir além de suas tarefas e responsabilidades, sendo muito difícil contribuir com novas ações. Apontam problemas, se justificam muito e frequentemente recebem um *feedback* construtivo de forma negativa.

Os talentos do grupo C não apresentam todas as características citadas, mas uma ou duas delas já são suficientes para derrubar seu desempenho e engajamento. Também influenciam negativamente toda a performance e disposição da equipe.

A tônica de gestão com os Talentos C está em orientá-los e engajá-los para atuar de forma mais alinhada com os valores e objetivos da organização. Precisam de um gestor mais próximo e assertivo, que cobre com firmeza os valores, as atitudes e os comportamentos necessários para o alcance dos objetivos e da marca da empresa.

> Conhecendo melhor sua equipe, você pode entender como cada um trabalha e como analisar sua performance para melhorar seus resultados. Sua atuação poderá ser mais eficaz, justa e honesta se entender a linguagem e as práticas de gestão necessárias para a melhoria de resultados estratégicos nos diferentes níveis em que os talentos de sua equipe se encontram.

EXEMPLO REAL DE COMO OS DIFERENTES NÍVEIS OPERAM

É completamente possível perceber esses diferentes níveis em ação, assim como compreender o que eles precisam para melhorar a performance. Sabendo como atuam e o que especificamente precisam, você pode incrementar seu desempenho para que atinjam seus resultados com mais eficiência e rapidez.

Vou dar um exemplo real de como operam os diferentes níveis quando são chamados para a realização de um projeto.

Como opera o Talento A

Você, gestor, combina numa segunda-feira, com o Talento A, a entrega de um relatório para o fim da mesma semana. Passa todas as informações e coordenadas para que ele possa realizar a tarefa com maestria. Definiu e explicou o que fazer, como, por que e quando. Fez até um *check-list* das questões mais importantes. Quando chega na quinta-feira de manhã, o talento liga para você dizendo que está com 80% do relatório pronto, só precisa da sua assinatura e da assinatura do presidente.

Você, preocupado, diz que o presidente está indo viajar naquele momento, e que já deve estar chegando ao aeroporto. O Talento A responde para você não se preocupar, pois ele já sabia que o presidente estava a caminho do aeroporto. Pede para você assinar com urgência que ele vai conseguir mandar o motoboy até o aeroporto pegar a assinatura do presidente. Já está tudo combinado com o assistente dele.

Então você fica preocupado de novo, porque acabou de saber que o motoboy da firma sofreu um acidente e foi para o hospital. O Talento A disse que já estava sabendo, inclusive que cuidou dos preparativos do hospital para o motoboy. Já solicitou um segundo fornecedor, que só está esperando você assinar para levar o relatório para o presidente. Fim da história. Na sexta-feira de manhã, o talento entrega 100% do relatório, exatamente como foi prometido na segunda.

Como opera o Talento B

O gestor, combina na segunda-feira, com o Talento B, a entrega de 100% de um relatório para a sexta-feira da mesma semana. Definiu exatamente como fez com A. Fez o *check-list* das questões mais importantes, exatamente como fez com o Talento A. Quando chega sexta-feira de manhã, o talento B aparece na sua mesa. Você pergunta se está tudo certo. Ele diz que sim, só falta a sua assinatura e a do presidente.

— Mas o presidente viajou ontem! — e o talento responde:

— Puxa, que pena!

Você pergunta se ele não sabia que o presidente ia viajar e ele responde que não, como ia saber disso?

Assim, vocês dois precisam esperar o presidente voltar na terça-feira seguinte para assinar o relatório.

Final da história. Na sexta de manhã, o talento entrega 80% do relatório, e precisa esperar até terça para finalizá-lo. Os quatro dias de atraso são contabilizados no projeto.

Como opera o Talento C

Você, gestor, combina na segunda-feira, com o Talento C, a entrega de um relatório para o fim da mesma semana. Passa todas as informações e coordenadas para o talento realizar a tarefa. Definiu e explicou o que fazer, como, por que e quando. Fez o *check-list* das questões mais importantes. Quando chega sexta-feira à tarde, o talento aparece na sua mesa. Você pergunta se está tudo certo. Ele diz que sim, só falta pegar a assinatura de um fornecedor de dados.

— Mas sem esses dados não é possível finalizar o relatório, por que você não cobrou do fornecedor?

O Talento C responde que já cansou de cobrar do fornecedor, mas que nada adiantou.

Então, você, um pouco nervoso e alterado, responde para ele:

— Seu trabalho é garantir a entrega desse material importantíssimo e você diz que não deu para fazer nada?

Chegou sexta-feira e o talento só entregou 60% do relatório. Não antecipou e nada avisou para você sobre a questão do fornecedor. Esperou o final da semana para comunicar. Vocês aguardam até a terça-feira seguinte.

Na terça de manhã, o talento entrega o relatório. Pronto, agora só falta sua assinatura.

Você diz:

— A minha e a do presidente.

O Talento C olha com uma cara de perplexidade, dizendo que não sabia que precisava da assinatura do presidente. Você afirma que ele sabia sim, pois você o comunicou e, inclusive, escreveu no *check-list* entregue a ele na segunda passada.

O Talento C, esquivo, diz que não teve tempo para ler todo o *check--list*, pois além de ficar apagando incêndios, utilizou muito do tempo cobrando o fornecedor.

Conclusão: mais dois dias para refazer o relatório, pegar a assinatura do presidente e ficar exatamente do jeito que foi combinado.

Final da história. Quase uma semana depois, o talento C entrega 100% do relatório. Seis dias de atraso contabilizados no projeto.

E se perdêssemos 10% do valor do relatório cada vez que ele atrasasse? E se perdêssemos credibilidade, reputação? Se o valor de cada relatório fosse R$ 10.000,00? E se fosse R$ 150.000,00? E se sua equipe de dez talentos precisasse produzir trinta relatórios ao mês? E se o gestor já compreendesse a singularidade, o que faria para melhorar o desempenho de cada um desses talentos?

Observamos que os talentos A apresentam capacidade maior de planejamento e orientação de tempo. Como se conseguissem projetar-se num futuro imediato, tentando antecipar problemas e oportunidades, criando assim respostas e alternativas mais adequadas para superar os possíveis problemas. É como se jogassem xadrez, antecipando jogadas, tentando adivinhar quais as possíveis jogadas do oponente e criando alternativas eficazes, caso os problemas realmente aconteçam. É dessa forma que você pode esperar de um Talento A que ele ligue para você antes do final do projeto para perguntar algo ou para apresentar um problema e, ao mesmo tempo, duas ideias para tentar solucioná-lo. Os talentos B e C não dispõem desse modo de operar.

Enquanto o Talento B e o C apresentam capacidade limitada de gerenciar várias tarefas ao mesmo tempo, o Talento A consegue fazer 30 a 40% a mais do que a maioria. É como se, enquanto alguns fazem malabarismos com duas ou três bolinhas, o A faz com quatro, cinco. Tem a capacidade de atuar paralelamente com três ou quatro problemas, enquanto os talentos B e C trabalham de forma sequencial, resolvendo um problema de cada vez.

Observamos também que, no momento de turbulência ou adversidade, os talentos A e B trabalham para resolver os problemas da melhor maneira possível para todos os acionistas, pois o que interessa é o bem comum de todos os envolvidos. Os talentos C trabalham preferencialmente para resolver os problemas que interessam a si, pois, se alguém tiver de perder, que seja o cliente, ou o outro departamento, mesmo se a responsabilidade for dele.

Stephen Drotter, demonstrou que "sem um processo que ajude talentos e gestores a adotar habilidades, aplicações de tempo e valores profissionais apropriados a cada nível de desempenho e liderança, nenhum tipo de treinamento ou *coaching* terá grande impacto". Sua premissa é de que os líderes se desenvolvem melhor quando buscam resultados corretos para seu nível de liderança. O fato de conhecer os resultados e as necessidades específicas exigidas em cada modo de operar ajuda o gestor a construir conhecimentos personalizados, aumentando o desempenho da equipe.

Pode compreender a importância de gerenciar de modo diferenciado e eficaz todos esses modos de operar?

Na prática, o gestor tradicional opera da seguinte maneira:

Se ele tem trinta projetos e esses três diferentes tipos de talentos, o que normalmente faz?

Como ele não tem tempo e método para orientar cada talento, ele distribui os projetos mais complicados e problemáticos para os talentos de alta performance. Enquanto o Talento A está fazendo três projetos por dia, o Talento B está fazendo dois, e o Talento C, um e meio.

No Brasil, a recompensa que um talento de alta performance recebe por trabalhar muito e com excelência é... trabalhar mais!

Nos momentos de pressão e complexidade, o gestor distribui mais tarefas para o A. Esse não é o problema, o problema de engajamento e queda de performance acontece quando o Talento A percebe que está trabalhando mais e realizando as tarefas que o Talento C deveria estar realizando. Começam então os problemas de desmotivação, pois há claramente diferença de performance, de entrega. Soma-se a isso desbalanceamento de distribuição de tarefas e responsabilidades, criando uma clara percepção diferente de produtividade. Porém, no final do mês, quando todos recebem os salários e bônus, percebem que o esforço não é reconhecido ou recompensado justamente.

O diferencial do gestor da singularidade é compreender os diferentes níveis de entrega e engajamento e oferecer práticas de gestão que possam maximizar os resultados de cada um, garantindo receita maior, entrega de qualidade e alto nível de engajamento, provocado por senso de justiça.

Começando a segmentação sem painel de performance

Se você não tem nenhum sistema de avaliação de competências ou desempenho, e não pretende fazê-lo, aqui está uma ferramenta para conhecer melhor seus talentos e compreender como mobilizá-los de maneira diferente.

Talentos	Como procedem	Quais motivadores	O que esperam de você
Alta			
Média			
Baixa			

a. Defina três profissionais de sua equipe que você considera de alta performance.

b. Tire cinco minutos para pensar como eles operam. Você pode utilizar os sete elementos do modus operandi para conseguir uma análise melhor.

c. Procure compreender quais são suas motivações e pelo que exatamente eles se sentem mais engajados.

d. Procure listar, ou solicitar a eles, suas necessidades em relação a conhecimentos e práticas de gestão. O que exatamente eles precisam de você, como gestor?

e. Siga os passos "a" a "d" para conhecer os talentos de sua equipe que você considera de média performance.

f. Siga os passos "a" a "d" para conhecer os talentos de sua equipe que você considera de baixa performance.

Como você ainda não tem um Mapa de Performance, nem um modelo de gestão de competências, mas quer conhecer melhor seus funcionários, o ideal é que você acople essa análise aos resultados de suas metas.

Você pode usar também uma segunda ferramenta, baseada nos modos que os talentos operam. No campo "Como procedem" da ferramenta anterior, você pode utilizar a ferramenta abaixo, utilizando os modos de operar, para fazer a avaliação junto aos seus talentos, e conseguir maior precisão.

Característica	Frequência de atuação
Baseia-se em performance	( ) alta ( ) média ( ) baixa
Tem bom caráter	( ) alta ( ) média ( ) baixa
Entrega valor	( ) alta ( ) média ( ) baixa
Prefere um líder que atua no estilo relacional/ processual	( ) alta ( ) média ( ) baixa
Se engaja por causa e coerência estratégica	( ) alta ( ) média ( ) baixa
Considera a meritocracia muito mais eficaz do que a política	( ) alta ( ) média ( ) baixa
Faz além do esperado	( ) alta ( ) média ( ) baixa

Característica	Frequência de atuação
Baseia-se em atribuição e cargo	( ) alta ( ) média ( ) baixa
Congenial	( ) alta ( ) média ( ) baixa
Entrega abaixo do esperado	( ) alta ( ) média ( ) baixa
Prefere um líder que atua no estilo comando/ controle	( ) alta ( ) média ( ) baixa
Solicita mais do que produz	( ) alta ( ) média ( ) baixa
Interesse feudal	( ) alta ( ) média ( ) baixa
Faz o básico	( ) alta ( ) média ( ) baixa

Do que eles precisam para se engajar?

Sugiro que utilize as duas ferramentas mostradas conjuntamente com seus talentos. Dessa forma você consegue informações mais precisas e contextualizadas sobre o que precisam para ter um desempenho superior em relação ao que eles já estão tendo. Porém, reconhecerá os diferentes modos de operar.

Você conseguirá perceber que para os talentos A o sentido de engajamento é um pouco diferente do que para os outros. Isso está ligado à causa da organização, assim como obter informações relevantes sobre os resultados a serem alcançados e seus significados. Em síntese, estão sempre atrás de propósito, autonomia e capacidade de realização.

Os talentos B, precisam perceber que são necessários, querem ser reconhecidos pelos seus esforços, assim como precisam continuamente de fomento e apoio de seus superiores. Sentem-se seguros quando seus gestores demonstram envolvimento e proximidade com a equipe. E sentem necessidade de ter reconhecimento específico.

Os talentos C, precisam ser orientados especificamente, assim como precisam ser acompanhados e cobrados sobre suas entregas e valores declarados pela empresa.

Por que o engajamento é importante?

É fundamental para um gestor ter talentos na equipe que destacam-se por realizar suas atividades nos prazos estabelecidos, demonstrando sinais claros de comprometimento. Contudo, é preciso constatar se esses profissionais também estão engajados com a empresa. Isso porque nem todo colaborador que cumpre suas tarefas está obrigatoriamente motivado com o tipo de gestão que vivencia. Há uma linha tênue entre comprometimento e engajamento, e para uma empresa de alta performance, é preciso que os talentos tenham os dois.

Há uma intersecção entre comprometimento e engajamento. Quando estou comprometido, significa que estou consciente do meu compromisso funcional, que cumpro com meus papéis e minhas responsabilidades. Eu fiz um acordo e vou trabalhar até que a promessa do produto, do serviço ou da experiência se realize. Quando estou engajado, estou envolvido emocionalmente, há disposição e conexão emocional. O engajamento seria o compromisso funcional mais o envolvimento emocional.

Por exemplo, posso estar comprometido sem estar engajado quando eu vejo que meu gestor não me orienta ou apoia e mesmo assim não deixo de fazer minhas tarefas como foi acordado. Típico de um talento resiliente, ou de alta performance.

Eu vou fazer o que precisa ser feito, mas quando me perguntam como percebo meu gestor ou minha empresa, direi: "É satisfatório, nota seis ou sete".

Agora, quando estou engajado, cumpro com minhas tarefas e estou disposto a fazer mais, pensar mais, ajudar mais porque eu acredito nos valores do meu gestor e da empresa, porque tenho apoio, confirmação, porque vejo que todos estão envolvidos em fazer o melhor. Quando me perguntam como percebo meu gestor ou empresa, vou dizer: "É genial, nota nove ou dez". Ter funcionários comprometidos e engajados diante da mudança é fundamental para o processo de melhoria de valor e da performance nas empresas.

Há três grandes complicações para o desenvolvimento do engajamento da equipe. Primeiro, existe a dificuldade em gerenciar as mudanças complexas que as organizações precisam fazer: muita mudança sem bons planejamentos, muita confusão e pouca experiência de sucesso, muitas discussões sobre mudança, muitas solicitações para que os talentos acreditem na mudança e pouco planejamento e estrutura formal para ela. Isso faz com que os profissionais entrem num círculo vicioso, que é passar por uma grande mudança, se esforçar muito para prepará-la, fazer uma implementação e cinco ou seis meses depois vir alguém e mudar tudo novamente.

A não realização de um projeto completo, muitas vezes por falta de planejamento estratégico ou por falta de acompanhamento eficaz, gera inseguranças, desconfianças e muitos questionamentos.

A segunda complicação é a baixa eficácia nos sistemas de apoio — estratégia, cultura, liderança e recursos financeiros ou tecnológicos. Em geral, empresas e gestores querem ter pilotos de Fórmula 1, dando a eles um carro 1.0 e uma equipe de dois profissionais para trocar todos os pneus em quatro segundos. Há muita cobrança, pouco apoio e escassos recursos para alcançar o status que todos dizem querer alcançar, que é a alta performance.

A terceira complicação é que muitos gestores confundem motivação com engajamento. Querem aumentar o gás dos membros da equipe e deixá-los felizes investindo em atividades motivacionais. Mas, quando voltam para o trabalho, continuam com os mesmos problemas. O que os talentos e as equipes de alta performance nos revelam como fatores críticos de sucesso para aumentar seu engajamento são bons desafios, com estratégia bem clara sobre o impacto para a organização e para eles. Precisam saber o norte e a causa do desafio. Além disso, precisam ter capacidade de realização. Gostam e querem trabalhar com quem é competente e comprometido. Também precisam ter possibilidade de aprendizagem real e contextual, que os ajudem a se diferenciar. Por fim, esperam que seu gestor seja alguém que cobre performance, que seja justo, meritocrático e que esteja próximo durante as turbulências e os principais desafios. Que o gestor seja um referencial e um exemplo de competência e representante dos valores da marca.

Perceba que as verdadeiras necessidades de engajamento passam bem longe da ideia de alegrar, de dar um gás na equipe. A cenoura ou o chicote sempre serão utilizados quando não estivermos dispostos a fazer direito o nosso dever de casa, que é conhecer as verdadeiras causas do engajamento.

Daniel Pink, autor de diversos livros sobre mudanças no ambiente de trabalho, esclarece que essa necessidade de motivar parte da premissa de que, para agir ou seguir adiante, precisamos de um empurrão motivacional — que sem recompensas ou punições ficaríamos inertes, no mesmo lugar. São mecanismos mais opressivos do que apoiadores.

A Toyota foi numa direção contrária. Estimula ambientes apoiadores a abertos à reflexão, constatando que ao fomentar seus profissionais a pensar e atuar com excelência, consegue indicadores maiores em produtividade e clima organizacional.

Analisando mais profundamente os medidores de clima e engajamento, identificamos que os pontos mais frágeis e impactantes estão ligados à percepção de injustiça ou à incoerência de reconhecimento e de mérito dentro do ambiente do trabalho.

Algumas fontes de desengajamento

Há pouco engajamento pois o talento não vê *coerência estratégica*: a empresa divulga uma prática e faz outra, promovendo quem não tem competência, fazendo valer regras importantes de conduta apenas para alguns etc. Há uma perda sensível de confiança.

No livro *A estratégia do Oceano Azul*, Cham Kim e Renée Maugborne afirmam que "quando se aplica o processo justo em situações de elaboração da estratégia, os participantes confiam no nivelamento do campo de jogo. Essa confiança os leva a cooperar voluntariamente na execução das decisões estratégicas".

TRANSIÇÃO DE PARADIGMAS	
Critérios de Performance, Competência e Valores	
Tempo de casa	Competência
Amigo/Parceiro	Entrega de resultados
Estilo/Personalidade	Função exemplar
Regras válidas para alguns	Regras válidas para todos
Interesses pessoais acima do propósito da empresa	Alinhamento empresa/talento
Proteção da baixa performance/ Ações indevidas	Fomenta maturidade, justiça e alta performance

Gestores frequentemente decidem com viés político, financeiro, feudal ou interesse pessoal e acabam por desalinhar-se com a estratégia desenhada.

1 – Muitas barreiras, pouca autonomia

O talento sabe o que fazer, mas grande parte de seu tempo e energia é gasto apagando incêndio, criando relatórios sem sentido, participando de reuniões improdutivas e perdido em processos mal definidos.

2 – Valores e regras não praticados no momento da verdade

Ninguém aguenta mais comunicados e palestras sobre ética, transparência, respeito ao cliente, saúde e segurança, para depois chegar ao ambiente de trabalho e ter de presenciar todos esses valores desrespeitados no dia a dia. Estamos criando ambientes onde os profissionais estão descrentes e cínicos em relação aos valores. E depois o RH gasta muito tempo e dinheiro tentando minimizar esses sintomas que afligem as pesquisas de clima e engajamento. É preciso entender que a energia emocional que os talentos estão dispostos a incrementar em seu trabalho é proporcional à integridade de valores manifestados pela organização. Assim como a revolta e o desengajamento que expressam são sempre ditados pela discrepância entre o que a empresa declara e o que ela realmente manifesta no momento da verdade.

Michael Sandel, em seu brilhante livro *Justiça*, afirma que "para saber se uma sociedade é justa, basta perguntar como ela distribui as coisas que valoriza — renda e riqueza, direitos e deveres, poderes e oportunidades, cargos e honrarias. Uma sociedade justa distribui esses bens da maneira correta; ela dá a cada indivíduo o que lhe é devido".

3 – Muita cobrança, pouco apoio, má distribuição dos papéis e tarefas

Os bons talentos acabam sempre tendo como recompensa trabalhar mais. Essa não é a queixa, porque eles gostam de desafios. A queixa é trabalhar muito porque os colegas ou os chefes não estão fazendo a sua parte no projeto e, no final, todos ganham o mesmo salário ou bônus. É verificar que há uma distribuição equivocada e injusta de tarefas, responsabilidades e méritos.

ENGAJADOS, NÃO ENGAJADOS, DESENGAJADOS

Por uma razão de didática e para facilitar a compreensão, prefiro utilizar a nomenclatura utilizada pelo Instituto Gallup, centro de inovação, pesquisa e consultoria para líderes. Engajados: energia, empenho, sentimento de conexão com a empresa. Não engajados: comprometidos e fazem o esperado, mas com pouca ousadia e protagonismo. Ativamente desengajados: atitudes passivas, negativas e, às vezes, destruidoras de valor. O Instituto Gallup apresentou uma pesquisa no Brasil em 2006 com 1012 profissionais de 11 capitais brasileiras, demonstrando que temos 21% de profissionais engajados e 79% de profissionais não engajados e ativamente desengajados.

No livro *Primeiro quebre todas as regras*, de Buckingham e Coffman, os autores demonstraram que os funcionários mais engajados são mais produtivos, focados, praticam mais os valores, com capacidade de execução superior e são menos propensos a deixar a empresa. Conseguiram demonstrar inclusive que geram mais receita para a empresa e uma experiência mais positiva e valorosa ao cliente.

E como fomentar o aumento de engajamento?

Definir para os talentos de alta performance os objetivos, os processos e as prioridades envolvidos para a conquista dos desafios estratégicos. Pedir para acreditar na mudança e ser proativo é bom, mas é necessário dizer qual é a estratégia, porque estamos indo nessa direção e demonstrar como vamos chegar lá é fundamental.

Análise profunda e precisa das questões de engajamento e performance, com tratativas para as causas e não só para os sintomas. Ter uma sala de jogos ou academia é bacana, mas resolver os principais processos emperrados ou capacitar os gestores que geram a ineficácia e o desânimo do talento é bem melhor.

Alta capacidade para subsidiar conhecimento e acompanhar processos de desenvolvimento: dar pelo menos vinte horas de treinamento é requisito básico, mas produzir um ótimo plano de desenvolvimento, com *feedback*, avaliação e acompanhamento engaja muito mais.

Reconhecer atitudes e comportamentos no processo, indicando conquistas e desafios: no mundo apressado e tenso de hoje, muitos talentos estão conseguindo fazer projetos extraordinários, quase impossíveis. Recebem como *feedback* informações parecidas com "Parabéns, não fez mais do que a obrigação, e amanhã temos um desafio muito maior". Existem muitos profissionais excelentes, fazendo tarefas incríveis e que não estão sendo reconhecidos por isso.

Um talento engajado espera espaço para atuar, oportunidade para criar e desenvolver, um sistema meritocrático e justo de performance, pois ele entende o que é criar valor e espera que a empresa também ofereça condições para que a produtividade, os valores e a inovação façam parte do cotidiano da empresa. Talentos engajados sabem que conhecimento, tempo e energia são o combustível fundamental para gerar valor num mercado de alta complexidade. Qualquer atividade que não tenha qualidade, que seja burocrática, excessivamente política, feudal, injusta ou sem meritocracia simplesmente atrapalha sua excelência operacional e sua capacidade de pensar, gerando desgastes que ele não pode se dar ao luxo de suportar.

MOBILIZANDO OS DIFERENTES TALENTOS PARA A REALIZAÇÃO DE SEUS OBJETIVOS

Para o Talento A:

1. Esclareça direção e propósito.
2. Agradeça pelo seu desempenho superior e ressalte seus pontos fortes.
3. Seja específico no reconhecimento e nas melhorias.
4. Ouça seu ponto de vista sobre melhorias.
5. Verifique se o talento precisa que você o ajude em algo ou se tem alguma ideia relevante sobre como melhorar o sistema de gestão de pessoas.

Para o Talento B:

1. Esclareça intenção de retê-lo.
2. Reconheça e demonstre especificamente o que está fazendo bem.
3. Pontue as oportunidade de melhoria e foque em uma ou duas questões específicas, que sejam de prioridade estratégica.
4. Verifique se o talento precisa que você o ajude em algo.

Para o Talento C:

1. Verifique a expectativa de performance e descreva o que foi observado.
2. Informe os impactos negativos da não entrega.

3. Esclareça e prescreva o que precisa ser feito de mais importante e marque acompanhamento.
4. Com calma, objetividade e clareza, comunique as consequências do baixo desempenho para os clientes, a empresa e para o talento.

Talento A — ENGAJADOS

- ESCLAREÇA DIREÇÃO E PROPÓSITO
- AGRADEÇA PELO SEU DESEMPENHO SUPERIOR
- SEJA ESPECÍFICO NO RECONHECIMENTO E NAS MELHORIAS
- VERIFIQUE SE O TALENTO PRECISA QUE VOCÊ O AJUDE EM ALGO

Talento B — NÃO ENGAJADOS

- ESCLAREÇA A INTENÇÃO DE RETÊ-LO
- RECONHEÇA E DEMONSTRE ESPECIFICAMENTE O QUE ESTÁ FAZENDO BEM
- PONTUE AS OPORTUNIDADES DE MELHORIA E FOQUE NUMA QUESTÃO ESPECÍFICA
- VERIFIQUE SE O TALENTO PRECISA QUE VOCÊ O AJUDE EM ALGO

Talento C — DESENGAJADOS

- VERIFIQUE A PROMESSA E DESCREVA O QUE FOI OBSERVADO
- INFORME OS IMPACTOS NEGATIVOS DE NÃO ENTREGA
- ESCLAREÇA E PRESCREVA O QUE PRECISA SER FEITO E MARQUE ACOMPANHAMENTO
- COM CALMA, OBJETIVIDADE E CLAREZA COMUNIQUE AS CONSEQUÊNCIAS DO BAIXO DESEMPENHO

O que os talentos mais precisam dos gestores?

Nos próximos capítulos vou demonstrar as trinta práticas de gestão que ajudam a alcançar melhores resultados da equipe.

Agora, darei destaque às nove práticas que mais foram mencionadas e que, aplicadas devidamente, ajudam a resolver muitos problemas relacionados a gestão de pessoas.

1 – Para o Talento A

No que se refere à orientação: comunicação e esclarecimento do propósito estratégico. No que se refere ao engajamento: fomento e manifesto de senso de justiça e valores declarados. No que se refere à capacitação: construção de espaços de conversação para troca de ideias e conhecimentos sobre questões maduras e construtivas.

2 – Para o Talento B

No que se refere à orientação: definição de valores, critérios e expectativas de performance. No que se refere ao engajamento: maior envolvimento do gestor, reconhecimento e mais apoio. No que se refere à capacitação: proporcionar instrução e *feedback* frequentemente.

3 – Para o Talento C

No que se refere à orientação: eliminar ambiguidades de decisão, prioridades e responsabilidades. No que se refere ao engajamento: transmitir compreensão e apoio às competências em momentos de mudança e pressão. No que se refere à capacitação: verificar constantemente cursos de ação dos processos e atividades estratégicas.

Na tabela a seguir, veja as nove práticas de gestão mais impactantes para a melhoria do desempenho e engajamento das equipes.

PRÁTICAS EFICAZES DE GESTÃO		
A Comunico e esclareço o propósito estratégico	Fomento e manifesto o senso de justiça e valores declarados	Construo espaços de conversação (BA) para questões maduras e construtivas (ideias)
B Defino valores, critérios e expectativas de performance	Envolvo-me e demonstro maior engajamento	Proporciono instrução e *feedback* frequente
C Elimino ambiguidades de decisão, prioridades e/ou responsabilidades	Transmito compreensão e apoio às competências em momentos de mudança	Verifico constantemente cursos de ação dos processos estratégicos

O gestor tradicional consegue aplicar duas ou três dessas práticas apresentadas, frequentemente, de forma generalizada, sem contemplar os diferentes níveis.

O gestor que trabalha com a singularidade consegue aplicar as diferente práticas para os diferentes talentos em vários níveis de performance e engajamento.

Os talentos de sua equipe conseguem progredir à medida que vão entregando competências em níveis superiores de complexidade. Seu papel como gestor é conseguir identificar os respectivos estágios em que os talentos se encontram, oferecendo conhecimento relevante e específico que acelere e dê fluxo à jornada de desempenho, garantindo o alcance das metas individuais e coletivas.

CAPÍTULO **5**

NÍVEL 2: DESENVOLVIMENTO DE MAPA DE PERFORMANCE

MODELOS QUE AJUDAM A MELHORAR A PERFORMANCE

Empresas que precisam atuar num mercado de alta performance possuem um modelo de negócios para se orientar. Também possuem um sistema de gestão como o *Balanced Scorecard* (BSC) e um modelo de gestão de competências ou desempenho humano. Um sistema de gestão existe para desenhar e organizar uma série de processos e práticas com o intuito de alinhar e gerir uma organização.

A disseminação do propósito estratégico é realizado pelo Mapa Estratégico do BSC. Esse mapa contém as perspectivas e os objetivos principais da organização e traz a compreensão da sua lógica. Posteriormente, cada um dos objetivos sinalizados são desdobrados em indicadores, metas e planos de ação.

Uma vez que objetivos, indicadores, metas e planos de ação estejam bem definidos, você possui condições de criar as competências necessárias para o alcance dos objetivos declarados.

Um mapa deve representar uma forma clara de traduzir a visão estratégica da organização, desdobrando-a até atingir os objetivos operacionais, expondo a consciência e a lógica das relações causais entre objetivos de clientes, financeiros, processos e pessoas. O gestor da singularidade precisa traduzir as metas estratégicas da empresa em tarefas e processos específicos, criando instruções claras para que cada um dos talentos da sua equipe possa compreendê-las e executá-las com relativa consciência e autonomia.

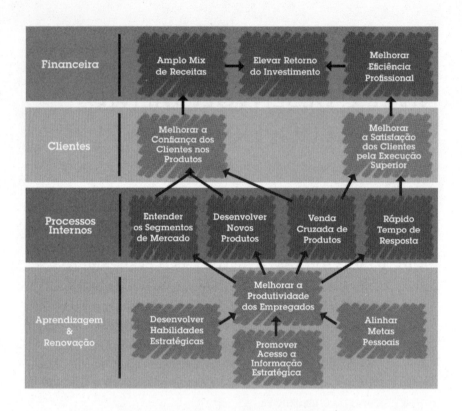

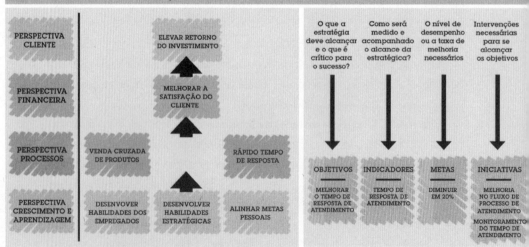

DIAGRAMA DAS RELAÇÕES DE CAUSA E EFEITO ENTRE OBJETIVOS ESTRATÉGICOS

Mapa de Performance

O Mapa de Performance representa a criação de um modelo sintetizado de informações, proveniente de um eixo, composto pelos resultados comerciais, e outro, que é o das competências.

Parte da premissa de que, para alcançar esses resultados, a equipe apresentou um conjunto de competências bem aplicadas dentro de um processo claro e robusto que impactou e formatou tais resultados.

Para fazer um Mapa de Performance, você pode tomar como base a Matriz 3x3 (*What and How*).

O eixo vertical representa os "resultados", aqui traduzidos pelos objetivos, indicadores e pelas metas, o que deve ser alcançado.

O eixo horizontal representa "as atividades-chave ou competências", aqui traduzidas pelo plano de ação, o que e como precisa ser feito.

Você então consegue um marcador, semelhante ao que está no quadro a seguir:

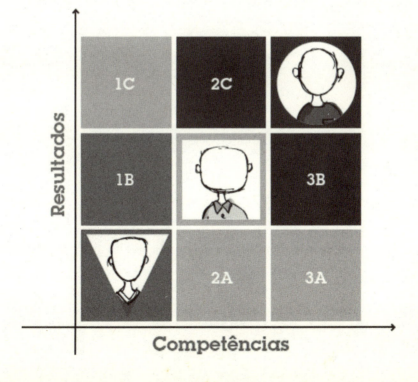

Esse quadro demonstra o agrupamento de todos os talentos de sua equipe e suas respectivas colocações. É conhecido como *Nine Box*, só que em vez de um dos eixos representarem o potencial, como acontece normalmente, aqui representa as competências.

Desdobrando o quadro anterior, você terá o nível de performance de cada um de seus talentos, exemplificado nos próximos quadros:

Talento A

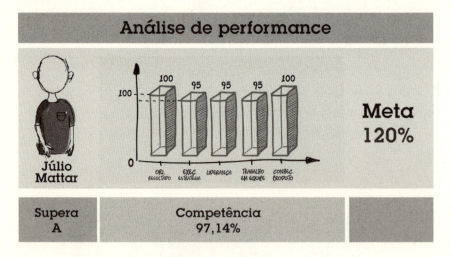

Talento B

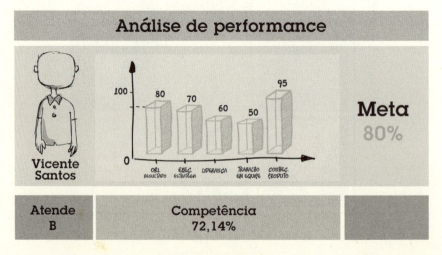

Talento C

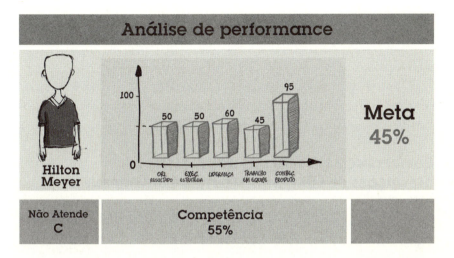

Lembre-se sempre de que a finalidade não é a classificação de talentos e se torna algo muito perigoso se for utilizado somente para isso.

A finalidade é a identificação precisa do desempenho de seus talentos, para que, posteriormente, possa se fazer todo o processo de crescimento e desenvolvimento de seus talentos a partir dessa análise.

> O Mapa de Performance e de Desenvolvimento é muito importante, pois ajuda o gestor a direcionar as tarefas e responsabilidades para os talentos; e é cada vez mais relevante quando descreve ao talento o que exatamente ele precisa fazer no seu trabalho para atuar melhor.

O mapa facilita o trabalho do gestor em oferecer conhecimentos relevantes para o talento. O envolvimento entre líder e liderado na compreensão efetiva em torno do que pode ser feito para resolver problemas, melhorar o desempenho da equipe e facilitar a vida do cliente, tudo contribui para o engajamento e o comprometimento com a realização das tarefas e da missão da equipe.

O Mapa de Desempenho tem grande valia, pois reflete verdadeiramente a natureza contínua de melhoria de desempenho e crescimento profissional.

Observe que os objetivos e as metas de cada talento são alcançados por meio da manifestação das atividades-chave ou competências que foram desenvolvidas para o alcance dos resultados.

COMPETÊNCIAS ESSENCIAIS DOS TALENTOS – DESCRIÇÕES DE COMPORTAMENTO DE DESEMPENHO

COMPETÊNCIAS	HABILIDADES DE DESEMPENHO	NÍVEL DE PRIORIDADE ESTRATÉGICA
ORIENTAÇÃO PARA RESULTADOS	1. Avalia tendências 2. Define estratégia 3. Estabelece metas 4. Define plano de ação	A
EXECUÇÃO ESTRATÉGICA	5. Conhecimento da área e tarefas 6. Gerencia processos 7. Avalia metas 8. Integra informação e processos relevantes	A
LIDERANÇA	9. Orienta, engaja e capacita equipe 10. Alinha valores, objetivos e competências 11. Acompanha metas 12. Manifesta liderança situacional	B
TRABALHA EM EQUIPE	13. Colabora com áreas e equipe 14. Compartilha informações e práticas 15. Apoia decisões coletivas 16. Integra e cria sinergia	B
PRODUTOS, CONHECIMENTO	17. Conhece todas as características 18. Domina e comunica benefícios 19. Demonstra todo o funcionamento 20. Cria desejo de compra expandindo as possiblidades de utilização	B

O Mapa de Performance consegue demonstrar os resultados do talento e o Mapa de Desenvolvimento indica as tratativas disso, que são diferentes, a partir dos variados resultados de cada talento.

Como os resultados do Talento A são altos, ele tem um tipo de direcionamento e desenvolvimento.

Como os resultados do Talento B são diferentes dos de A, ele tem um tipo particular de direcionamento e desenvolvimento. Sempre compreendendo que a orientação e o desenvolvimento são focados no alinhamento estratégico, por isso é o ponto primário no desenvolvimento das competências que são estratégicas.

Claro que para o Talento C é preciso outras orientações.

Quando se tem um Mapa de Performance de seus talentos, você consegue oferecer orientações mais precisas e desenvolvimento mais eficaz, atuando nos pontos fortes e estratégicos, necessários ao aumento e à melhoria dos resultados organizacionais.

ANALISAR E DECIDIR COM MAIS CLAREZA

O gestor da singularidade que tem uma ferramenta de análise de performance consegue analisar e decidir de forma mais precisa quais competências específicas podem ser desenvolvidas para melhorar os resultados de sua equipe em momentos de complexidade.

O gestor da singularidade consegue sair daquele padrão básico de *feedback*, que, uma vez a cada seis meses, em cinco minutos, diz para o talento que ele precisa ser mais proativo, inovador ou algo assim. Agora você tem um mapa consistente, no qual o talento pode se localizar e engajar em suas atividades e desenvolvimento com maior comprometimento. Ele percebe que o gestor o trata como um diferencial, como um sujeito da transformação estratégica.

CAPÍTULO **6**

NÍVEL 3: RECONHECIMENTO DOS FATORES DE DESEMPENHO

PRATICANDO A SINGULARIDADE
NÍVEL 3 — OS 10 FATORES DE DESEMPENHO

> O gestor e a capacidade de analisar situações de performance.

> A melhoria do desempenho da equipe não provém somente de fatores humanos, mas também das condições que ela recebe.

> Os dez fatores de desempenho: três internos, sete externos.

> Para ajudar o talento, o foco não é somente ajudá-lo a saber mais, mas fazer melhor o que precisa ser feito.

> Os três fatores internos de desempenho.

> E quando sabe o que precisa ser feito e como fazê-lo, mas não quer?

> Os sete fatores externos de desempenho.

> A ferramenta análise de performance.

> Uma hora investida em análise de performance pode reduzir vinte horas de retrabalho e de apagar de incêndios.

Gestores e a capacidade de analisar os principais potenciais e problemas de performance

Descobrindo as causas da baixa produtividade

Thomas H. Davenport afirma que empresas que preparam seus gerentes para a realização de experimentos e análises rigorosas em pequena escala não só evitam erros onerosos como aumentam a probabilidade de que grandes ideias saiam do papel. Testar, analisar e aprender com as experiências de desempenho deve ser um aspecto central do processo decisório de qualquer organização.

Para ilustrar essa questão, transcrevo aqui uma conversa entre uma gestora de RH que conhece análise de performance e um gestor sobre um talento que está perdendo seu desempenho.

— Estou com um problema com um talento que era A e depois de cinco meses virou B.

— O que aconteceu?

— Ele entrou na empresa e nos primeiros quatro meses era ótimo. De repente, tudo mudou e começou a apresentar queda de performance.

— De que performance específica estamos falando? Qual é a promessa estratégica desse talento?

— Ele bateu uma meta de 220 itens nos três meses anteriores. No penúltimo mês fez 200, e neste mês passou a fazer 180 itens.

— E o que você fez?

— Encaminhei-o para um seminário de vendas.

— O que o levou a construir essa solução?

— Achei que ele precisava de uma reciclagem de seu trabalho.

— Com três meses de vendas?

— Sim.

— Ok, deixe eu fazer algumas perguntas. O talento está fazendo o que precisa ser feito?

— Não, está abaixo do esperado.

— Quais as evidências? O que podemos observar? Dê um exemplo.

— Ele fazia uma abordagem excelente em vendas e conquistava o cliente pela sua atenção aos detalhes e observação às necessidades dele.

— Ele não faz mais isso?

— Faz numa frequência menor do que fazia no período de três meses.

— Ele não está fazendo uma tarefa importante e, pelo visto, não esqueceu como se faz. Você observa que ele está fazendo o que precisa ser feito, mas numa intensidade menor. Mas continua sabendo das necessidades de sua função.

— Exato.

— Então, se ele sabe o que precisa ser feito, o que vai fazer no treinamento?

— Hum!

— Parece-me que ele não precisa de treinamento, nem de orientação, porque já demonstrou que sabe o que precisa ser feito e também já o fez. Isso é um sinal comportamental de que deve estar descontente com alguma coisa, mas pelo jeito não encontra formas abertas e francas de comunicar seu descontentamento. Será que podemos considerar a hipótese de estar desinteressado ou desengajado?

— Sim, eu notei isso.

— Precisamos checar a causa. Quero que converse com ele, utilizando a ferramenta de análise de performance com dez fatores a serem contemplados. Utilize esse ferramental para conhecer melhor os fatores internos e externos de desempenho e podemos voltar a conversar sobre isso.

Uma semana depois, após o gestor ter conversado com o talento...

— E então, que informações relevantes obtivemos?

— Ele se desanimou com a falta de monitoramento e incentivo na loja. Contou que percebia que todos os outros consultores também estavam entregando menos do que o esperado, não havia nenhum acompanhamento do gestor e nem incentivo para a alta performance.

— Do "gestor", nesse caso é você!

— Sim, exato. Ele desceu para o nível B porque não viu mais vantagem em ser A. Se esforça mais e ganha a mesma coisa que um B. Trabalha mais, e os talentos B começam a fofocar sobre ele, dizendo que é puxa-saco, e o gestor não faz nada sobre isso. Disse que o fato de entrar, fazer o que é preciso ser feito, entender o que acontece, tudo isso é tido como estrelismo e comportamento antissocial pelos outros consultores (pois ele não tem tempo para fofocar) e o gestor permite que isso aconteça.

— Ele desceu para o nível B porque o esforço de ser A não é recompensado. Porque A trabalha mais e ganha igual a B. Para que se esforçar mais se vai ganhar igual? Perceba como não adianta levar o talento para um treinamento, pois o gestor não acompanha e fomenta a alta performance, e, principalmente, pois as regras de performance não estão claras. Na verdade, está privilegiando a baixa performance.

— Então, esse caso não tem a ver com treinamento e capacitação!

— Não, tem a ver com um melhor engajamento do talento. Perceba que a solução treinamento, para esse caso, não é compatível. Você pode gastar dinheiro e tempo importantíssimos, sem alcançar e resolver o principal problema. As soluções que você pode tomar, que geram mais impacto para o talento e para a equipe, são:

a. criar de um modelo de gestão desenhado para a alta performance, que privilegie os talentos que entregam acima da média;
b. melhorar a capacidade do gestor de monitorar e incentivar a alta performance;
c. interferir positivamente na cultura que emperra a disposição e o esforço do talento em fazer algo melhor e crescer como profissional.

— Que solução posso construir?

— Você, como gestor, precisa melhorar seu papel de apoiador, monitorador e coordenador da equipe para analisar o que está acontecendo com os talentos de maneira mais próxima e coerente. Isso o ajudará a entender as verdadeiras necessidades de conhecimento e engajamento, atuando de maneira assertiva para conseguir modular novamente o talento de B para A. É preciso facilitar a dinâmica de relacionamento, estabelecendo os critérios de performance e construindo incentivos para tal.

O profissional de RH, ao ajudar o gestor a compreender como analisar a performance e a construir uma solução mais apropriada, tanto elevou o desempenho do talento como melhorou a atuação do gestor, pois soube orquestrar o conhecimento relevante dentro da equipe e fazer que a atuação fosse mais objetiva e direta.

É muito importante para o gestor, por meio dos dez fatores de performance, conseguir encontrar as verdadeiras razões dos problemas de desempenho da sua equipe, oferecendo as condições necessárias para que ela possa atuar com maestria.

Edwards Deming — estatístico, professor, autor e consultor — sempre foi preocupado com avaliações de desempenho e conseguiu demonstrar que muitos dos erros que aconteciam nessa prática provinham da premissa que o fator humano era 100% responsável pelos problemas de baixo desempenho. Felizmente, conseguimos compreender que há outros inúmeros fatores que os gestores precisam levar em consideração para conseguir produzir excelentes resultados em sua equipe.

Os dez fatores de desempenho

Em 2001, conheci o trabalho do Dr. Robert F. Mager (*Analisando problemas de performance*) que influenciou profundamente meus projetos de capacitação. Mager, Robert Kaplan, Paul Gren, Ram Charan, Larry Bossidy e outros levaram-me a compreender como melhorar a execução da performance humana, demonstrando os fatores que podem alavancar ou atrapalhar o fluxo de conhecimento que leva ao alcance dos objetivos estratégicos da organização.

Foi feita uma adaptação do trabalho de Mager e os Dez Fatores de Desempenho envolvidos na estagnação ou melhoria da performance de uma equipe foram sintetizados:

Dos Dez Fatores de Desempenho, os três primeiros são denominados Fatores Internos de Desempenho (FID), pois estão estritamente relacionados à performance humana. Os outros sete são os Fatores Externos de Desempenho (FED), relacionados às condições que os talentos precisam para realizar melhor sua performance.

FID 1 – Saber saber
O talento *sabe* o que precisa ser feito. Ele tem a informação completa sobre o que fazer e como fazer seu trabalho.

FID 2 – Saber fazer
O talento *sabe fazer* o que precisa ser feito. Ele domina integral ou parcialmente os procedimentos e tarefas que estão sob sua responsabilidade.

FID 3 – Querer fazer

O talento *quer fazer* o que precisa ser feito. Ele tem interesse e motivação real para fazer os procedimentos e as tarefas que estão sob sua responsabilidade.

O trabalho de Mager alertou para a importância de observar primeiro o que o talento precisa entregar. Checar se o talento realmente sabe praticar as tarefas, e não apenas acreditar nele quando diz que já sabe fazê-las.

Peter Drucker também alertou que conhecimento é a informação que se prova na *ação*. Joel Dutra demonstra que competência não é somente o que se sabe, mas *o que se entrega*.

> Para melhorar o talento, o foco não é somente ajudá-lo a saber mais e, sim, a fazer melhor o que precisa ser feito. O *saber saber* não é condição única para o alcance de resultados, é preciso o *saber fazer* e o *querer fazer*.

Para aprimorar e aprofundar nosso conhecimento sobre performance humana, precisamos atualizar nosso paradigma automatizado de que quando o talento não entrega o prometido, o que devemos fazer é levá-lo a captar um monte de informações, porque entendemos que quando ele não faz algo, é porque ele não sabe o que fazer. Mas isso é um grande equívoco.

Se estivermos analisando "o que não foi entregue", o que queremos saber é "o que não está sendo feito", e não necessariamente o que ele não sabe. Para que a performance aconteça, "o que precisa ser feito" é a chave do jogo.

Quando acontece um problema de performance, normalmente o RH ou os gestores vão procurar resolver o problema definindo o que o talento não sabe, para tentar preencher a falta de informação ou conteúdo, na expectativa de que o talento então comece a fazer direito a tarefa.

Por exemplo, quando os talentos não sabem trabalhar em equipe, a inferência natural é que eles não têm informação sobre o que é um trabalho em equipe. Eles são levados a um seminário de construção de equipes, para que aprendam sobre a importância de trabalhar coletivamente, os aspectos mais importantes de um trabalho em equipe, quais os benefícios de trabalhar em conjunto etc.

Quando voltam ao trabalho, há uma melhoria ínfima de performance, pois a verdadeira causa não foi rastreada!

O problema de não trabalhar direito em equipe não veio de sua falta de conhecimento sobre o que era um trabalho em equipe. O que eles não sabiam era como fazer direito os procedimentos. Além do mais, muitos não queriam trabalhar em equipe, por inúmeras razões.

Frequentemente, RHs e gestores fazem uma análise de performance baseada somente no FID 1 (saber saber), deixando de analisar outros fatores tão importantes para o aumento da performance ou engajamento do talento.

Quando vamos analisar extensa e profundamente um processo de performance, queremos descobrir antes de tudo o que precisa ser feito!

O QUE PRECISA SER FEITO?

1 – Os Fatores Internos de Desempenho

O talento sabe o que precisa ser feito?

Se não sabe, então podemos muni-lo de informação, principalmente sobre procedimentos para fazer determinado projeto, processo ou tarefa.

Normalmente, os talentos sabem o que precisa ser feito (FID 1), mas no momento da verdade, eles *não* o fazem (FID 2). Não têm problemas relacionados à informação, mas à execução.

Se o talento sabe o que precisa ser feito (FID 1), mas não o faz, então pode ser um problema de FID 2 (saber fazer), porque *não domina* totalmente as tarefas que precisam ser realizadas. Se você consegue identificar esse fator, então seu trabalho é ajudá-lo a aprimorar sua *habilidade*. Não precisa ficar oferecendo conteúdo sobre o que fazer, pois ele já sabe.

O foco do FID 2 é praticar mais intensa e detalhadamente as ações, para que se possa dominar por inteiro os processos e tarefas que estão sob sua responsabilidade.

E quando ele sabe o que precisa ser feito, sabe fazer, mas não quer fazer?

Nesse caso, o talento pode saber o que precisa ser feito (FID 1), pode saber como fazer o que precisa ser feito (FID 2), mas mesmo assim não está entregando os resultados esperados.

Então ele pode não *querer fazer* (FID 3) o que precisa ser entregue. Você descobre que ele não está fazendo determinado conjunto de tarefas. Descobre que ele sabe fazer, mas não tem *interesse* em realizar determinada tarefa.

Quando o talento não apresenta verdadeiro engajamento ou interesse pelas suas responsabilidades e tarefas, essa falta de disposição pode ser causada por razões internas ou pessoais ou por fatores externos de desempenho.

As razões internas ou pessoais podem ser:

(FID 3a)
Pode ser que ele esteja na *função errada*: sente-se sobrecarregado, subutilizado ou desmotivado por não conseguir produzir mais.

(FID 3b)
Pode ser que ele sinta vontade de realizar *outros desafios* e objetivos fora da empresa, e ainda não encontrou o momento de contar a você, gestor. Não está mais alinhado e conectado emocionalmente com o projeto.

(FID 3c)
Pode ser que ele tenha pouca maturidade emocional e sinta uma dificuldade enorme em assumir suas responsabilidades, dando o mínimo possível de seu esforço para não se comprometer com seus erros ou com novos desafios.

Veja como é importante poder fazer essa análise, pois o treinamento, na verdade, só é funcional quando os talentos não possuem a habilidade suficiente para dominar os processos e tarefas que estão sob sua responsabilidade.

Quando o que impede o talento de realizar suas tarefas é falta de informação, tudo fica mais fácil, pois você pode orientá-lo especificamente e fazer sua performance melhorar.

Se ele tem a informação, mas não domina plenamente os processos e as tarefas, você pode oferecer capacitação e espaço para atuar, para que ele ganhe o domínio e a habilidade de terminar suas tarefas sozinho.

A grande questão é quando o talento não tem o *interesse*, o comprometimento ideal para a realização das tarefas, pois você vai precisar identificar o verdadeiro motivo e encontrar formas de engajá-lo ou cobrar melhor sua performance.

2 – Os Fatores Externos de Desempenho

O talento pode não querer fazer o que é preciso ser feito por razões internas, como acabamos de ver.

Mas também pode não se interessar ou conseguir realizar suas entregas por razões externas a ele. Por empecilhos que a organização apresenta, impedindo sua inteligência, motivação ou engajamento.

Chamamos de Fatores Externos de Desempenho (FED) oriundos da organização.

Frequentemente há muita dificuldade do talento em realizar suas tarefas com agilidade e compromisso, pois há vários FEDs que limitam o poder de sua ações.

Os sete Fatores Externos de Desempenho:

FED 1 – Recursos financeiros:

A empresa no momento não dispõe de recursos financeiros para atuar com o máximo de excelência possível. Para realizar um projeto com todas as condições necessárias, a empresa precisa de 1 milhão de reais, mas ela só disponibiliza 500 mil para esse projeto.

FED 2 – Recursos tecnológicos:

A empresa no momento não dispõe de recursos tecnológicos suficientes e atualizados, dificultando o trabalho e o fluxo de informações de qualidade para o talento tomar decisões e executar bem seu trabalho. Os funcionários vendem *softwares* de última geração, mas utilizam *notebooks* ultrapassados para a apresentação de seus produtos e serviços. A empresa gerencia informações de performance importantíssimas em um programa de planilhas simples e ainda não conseguiu implantar um sistema que dê agilidade e velocidade às informações.

FED 3 – Meio físico:

O ambiente, o *layout* ou os aparelhos de trabalho desestimulam ou limitam a performance do talento. O meio impõe excesso de esforço, aumentando o desgaste de tempo e energia para fazer o trabalho bem-feito. Talentos trabalham no segundo andar e precisam ir ao décimo para tirar uma cópia, ou, por vezes, sentem-se cansados pois as cadeiras não são ergonômicas, e os computadores não apresentam a disposição perfeita e natural para trabalhar por um longo período.

FED 4 – Estrutura de gestão e função mal desenhadas:

Os processos de gestão ou função estão mal desenhados, com excesso ou escassez de responsabilidades e tarefas. Quando isso acontece com a gestão ou com a função, temos como sintoma principal a sobrecarga de trabalho. Processos que não são robustos derrubam as competências e energias dos talentos. Falta de planejamento e de responsabilidades bem definidas geram profissionais trabalhando por outros, assumindo responsabilidades que não são suas, presos a um maremoto de retrabalho, atividades sem significado estratégico e apagar de incêndios. Tempo, energia e dinheiro são desperdiçados pela falta de alinhamento entre os inúmeros departamentos. Talentos não conseguem compreender a lógica do processo, gastando seus recursos em projetos sem nenhuma prioridade estratégica. Não há engajamento sem coerência estratégica.

FED 5 – Falta de acompanhamento:

O gestor, a equipe, a cultura e o sistema de gestão apresentam dificuldades de verificar e acompanhar tarefas, processos e procedimentos considerados certos e corretos. Sem essa verificação e esse acompanhamento, abre-se espaço para que a baixa performance ou a manifestação de atitudes incorretas ocorram na organização, minimizando a performance da organização como um todo.

FED 6 – Hierarquia inconsistente:

Gestores congeniais que manifestam muito mais seu estilo de gestão ou seus próprios interesses do que os princípios, as regras e os valores que a empresa declara como estratégicos e importantes. No momento da verdade, não conseguem decidir baseados na estratégia adotada, nos valores da organização ou na promessa que fizeram a seus clientes. Gestores utilizando estilos pessoais, de acordo com o seu jeito de pensar, em vez de praticar os papéis de gestão que efetivamente constroem resultados consistentes.

FED 7 – Incentivos injustos:

Talentos acabam sendo punidos por fazer um trabalho correto e de alta performance, ou recompensados por fazer um incorreto ou de baixa performance. A cultura declara um conjunto de valores e comportamentos importantes e acaba permitindo outros, não condizentes com o que foi declarado.

Por exemplo, a empresa diz que o talento tem de ter poderes e cumprir prazos. O talento acredita na mensagem, pega um serviço que veio atrasado de outro departamento, resolve a tempo, encaminha o produto o mais rápido possível para o cliente. Mas, depois, descobre que a empresa cobrou dele os custos do frete, e não do departamento que entregou o serviço atrasado.

Os FEDs 1, 2 e 3 são relativamente fáceis de ser observados e verificados.

Porém, os FEDs mais importantes e que mais impactam positivamente ou negativamente na gestão da equipe são os intangíveis.

Os quatro fatores críticos são os 4, 5, 6 e 7. Eles são a essência atual da gestão de performance e devem ser gerenciados com todo o cuidado e atenção. Você se tornará um excelente líder quando souber dominar esses fatores, pois além de saber comandar a estrutura de gestão, poderá dominar a dinâmica dos relacionamentos, conduzindo comportamentos de excelência que aceleram a conquista dos resultados estratégicos.

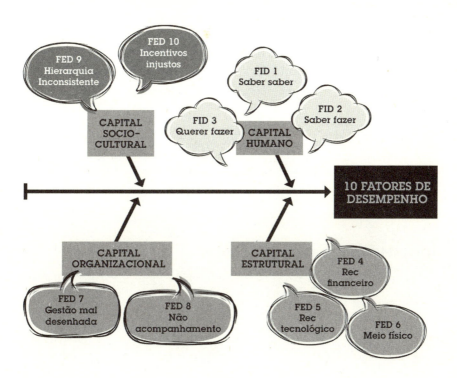

Veja a ferramenta Análise de Performance que a Gestora de RH utilizou para ajudar a melhorar a performance do Gestor:

	CLIENTE:
	PROJETO: Gestão do conhecimento e desempenho
	FUNÇÃO:
	NOME:
	DATA:

OBJETIVOS: Analisar especificamente como o conhecimento relevante impacta na performance e nos resultados dentro do ambiente de trabalho. Detectar os principais obstáculos e oportunidades de incorporação de conhecimento relevante para a melhoria dos resultados estratégicos.

DIMENSÃO DO DESEMPENHO

1. Quais são os principais desafios/questões e razões que estão diretamente ligados à perda ou melhoria dos resultados da organização? Exemplifique:

DESAFIOS/ QUESTÕES	O que está acontecendo? Qual a promessa estratégica? O que devem entregar?
Quais razões impedem de desempenhar bem o trabalho?	

GESTÃO DA SINGULARIDADE

2. Cite os possíveis obstáculos que impedem os profissionais de fazer aquilo que precisa ser feito:

( ) ORIENTAÇÃO	Oportunidade de desenvolvimento profissional
FID 1 – Saber saber Falta de informação sobre o que fazer	
( ) Falta orientação clara sobre o que deve ser feito.	( ) Ninguém lhe informou o que fazer apropriadamente.
( ) Não há profissionais ou exemplos a seguir.	( ) As expectativas sobre o que fazer são duvidosas.
( ) Não sabe o que se espera em competência ou tarefas.	( ) Outros.

( ) CAPACITAÇÃO	Oportunidade de desenvolvimento profissional
FID 2 – Saber fazer Dificuldade em desempenhar adequadamente	
( ) Falta de orientação clara sobre como fazer.	( ) Não há nenhum domínio sobre as tarefas.
( ) Domina parcialmente as tarefas.	( ) Outros.

( ) ENGAJAMENTO	Oportunidade de desenvolvimento profissional
FID 3 – Querer fazer Falta de interesse em desempenhar adequadamente	
( ) Está na função errada (não é o que gosta/tem habilidade para fazer ou está sobrecarregado ou subutilizado).	( ) Pouca maturidade para lidar com as novas exigências.
( ) Vislumbra outro projeto ou objetivo, mas ainda não contou.	( ) Outros.

( ) ENGAJAMENTO	Sistema de trabalho com ferramentas e equipamentos adequados	
FED 1 – Recursos financeiros	**FED 2 – Recursos tecnológicos**	**FED 3 – Meio físico**
( ) Há poucos recursos financeiros.	( ) Há poucos recursos tecnológicos.	( ) O espaço de trabalho não favorece o desempenho.
( ) Não há nenhum recurso financeiro.	( ) Não há nenhum recurso tecnológico.	( ) Os materiais, as ferramentas e o *layout* projetam dificuldade de desempenho.
( ) Outros.	( ) Outros.	( ) Outros.

( ) ENGAJAMENTO	*Design* organizacional
FED 4 – Estrutura de gestão e função mal desenhadas	
( ) Função ou tarefa mal concebida. Falta profissional.	( ) Estão ocupados demais fazendo outras coisas.
( ) Sobrecarga de tarefas ou desorganização.	( ) Tarefas sem sentido ou significado estratégico.
( ) Falta de priorização.	( ) O novo modo de fazer é mais difícil do que o antigo.

( ) ENGAJAMENTO	Liderança que apoie, confirme e monitore o desempenho
FED 5 – Hierarquia inconsistente	
( ) Não há confirmação ou apoio sobre o que e como fazer.	( ) Estilo pessoal sobressai-se à gestão estratégica.
( ) Não há acompanhamento de processos.	( ) Dificuldade em manifestar o "faça o que diz".
( ) Distanciamento das questões principais de performance.	( ) Dificuldade em dar/receber *feedback*.

GESTÃO DA SINGULARIDADE

( ) ENGAJAMENTO	Liderança que apoie, confirme e monitore o desempenho

FED 6 – Incentivos injustos

( ) Os incentivos do desempenho são duvidosos.	( ) São punidos por desempenharem bem.	( ) Prometer e não cumprir não acarreta em consequências sérias.
( ) Não veem os benefícios do desempenho.	( ) Não há consequências por desempenho abaixo do esperado.	( ) Atitudes inconvenientes não acarretam em consequências sérias.
( ) A recompensa é inadequada pelo esforço e risco.	( ) Não há diferenciação entre aqueles que fazem e os que não fazem bem.	( ) Outros.

( ) ENGAJAMENTO	Liderança que apoie, confirme e monitore o desempenho

FED 7 – Acompanhamento do desempenho

( ) Não há verificação dos processos
e procedimentos de performance.

( ) Não há *feedback* dos processos
e procedimentos de performance.

( ) Não há acompanhamento dos processos
e procedimentos de performance.

3. Em relação à capacidade de maximizar os resultados desejados pela equipe, podemos dizer que precisamos melhorar?

( ) ORIENTAÇÃO	( ) ENGAJAMENTO	( ) CAPACITAÇÃO
( ) Comunique e esclareça o norte e os objetivos estratégicos. ( ) Defina a promessa estratégica. ( ) Defina os valores e procedimentos. ( ) Defina os papéis e responsabilidades. ( ) Proporcione *feedback*. ( ) Aumente a frequência e qualidade do acompanhamento.	( ) Retire as fontes de punição. ( ) Retire as recompensas para promessas não entregues, desempenho incorreto ou atitudes inadequadas. ( ) Aplique reconhecimento a quem merece. ( ) Forneça ferramental e material apropriados.	( ) Dominar a tarefa. ( ) Simplificar a tarefa. ( ) Proporcionar auxílio para melhorar o desempenho. ( ) Providenciar prática periódica.

Utilizar a ferramenta Análise de Performance ajudou o gestor a:

1. Analisar a performance e a promessa do talento na sua singularidade;
2. Compreender o processo pelo qual o talento está ou não engajado, entregando tarefas e conhecimentos necessários;
3. Encontrar as verdadeiras razões (FID e FED) que impedem os talentos de produzir mais e melhor;
4. Desenvolver uma melhor solução de gestão/performance (monitoramento do gestor mais melhoria no desenho de incentivo e eliminação dos impeditivos, por exemplo);
5. Desenvolver um plano de ação a partir da análise que, ao ser aprofundada, leva o gestor a descobrir que a solução do treinamento não foi a mais eficaz, mas a melhoria na dinâmica de relacionamento (comunicação franca e sincera com o talento) foi melhor, atuando nas verdadeiras necessidades de conhecimento e engajamento;

6. Aprimorar suas práticas de apoiador e monitor com aquele talento que, no fundo, apenas precisava ver uma coerência entre o que estava sendo dito e o que estava sendo feito em termos de gestão e engajamento;

7. Perceber por meio de uma análise profunda que o entrave do talento tinha a ver com a falta de significado no que estava vendo, pois seus líderes pediam para ser o máximo, mas a gestão privilegiava comportamentos abaixo do esperado, assim como comportamentos indevidos;

8. Entender que esse fenômeno não acontece por má-fé do gestor, mas por um desconhecimento dos Fatores Internos e Externos de Desempenho que, no caso, impactavam negativamente na produtividade do talento e da equipe;

9. Compreender a dinâmica relacional que envolvia a todos dentro da loja e, a partir disso, fomentar mais a alta performance e diminuir as dissonâncias que impediam os grandes talentos de se manterem no nível A de performance.

Um mês depois de fazer a análise de performance e promover as soluções adequadas, o talento estava novamente no nível A.

> É muito importante perceber que uma hora investida em análise de performance pode reduzir vinte horas gastas com retrabalho, atividades improdutivas e sem significado. Isso lhe dá influência positiva sobre sua equipe e também poder sobre a otimização dos resultados.

Depois de compreender a segmentação dos talentos, construir o modelo de performance e plano de desenvolvimento, descobrir as causas de alavancagem ou bloqueio de performance pelos Dez Fatores de Desempenho, o gestor pode conhecer as soluções de gestão ou, como também utilizamos, práticas de gestão. Foram listadas trinta práticas, sendo que é possível destacar nove de alto impacto que valorizam a sua atuação como gestor e também contribuem para a realização dos objetivos da equipe.

CAPÍTULO **7**

NÍVEL 4: APLICAÇÃO DAS PRÁTICAS DOS GESTORES — TRÊS ÁREAS, NOVE PRÁTICAS PRINCIPAIS, 21 COMPLEMENTARES

PRATICANDO A SINGULARIDADE NÍVEL 4

AS PRÁTICAS DE GESTÃO

> Três áreas, nove práticas principais, 21 complementares.

> Práticas de gestão consistentes com a realidade de mercado.

> As três áreas do gestor da singularidade: traduzir o caminho estratégico, incorporar valores, capacitar talentos.

> As trinta práticas de gestão ou descrição das habilidades de performance do gestor.

> As nove práticas de gestão mais impactantes.

> Duas sugestões de utilização das práticas para aprimorar a performance do gestor.

> A produtividade de sua equipe sempre aumenta quando o gestor aplica melhor suas práticas de gestão.

> Compreender claramente o que sua equipe precisa, para oferecer práticas de gestão capazes de mobilizá-la para a conquista dos resultados estratégicos.

Dimensão	Tratativas principais	Prática/solução de gestão	Nível de prioridade estratégica
Orientar	Comunicar	1.( ) Comunico e esclareço o propósito estratégico (visão, missão, valores). 2.( ) Defino a promessa estratégica (objetivo, indicador, meta, prazo, orçamento). 3.( ) Defino os valores, as regras, as expectativas de performance e os procedimentos específicos, medindo os resultados.	A
	Definir expectativas	4.( ) Defino os papéis e as responsabilidades de cada um da equipe. 5.( ) Oriento tarefas, explico o que fazer e como fazer em casos importantes e/ou urgentes. 6.( ) Proporciono *feedback* construtivo baseado em evidências. 7.( ) Aumento a frequência e qualidade do acompanhamento, analiso medidas, relatórios, dados, comportamentos. 8.( ) Elimino as ambiguidades de decisão, prioridades e/ou responsabilidades.	B
	Eliminar problemas	9.( ) Defino problemas, conduzo análises, decisões e ações a partir de fatos e evidências, minimizando crenças e opiniões. 10.( ) Audito um curso de ação quando estiver incoerente ou desalinhado com a estratégia, os procedimentos ou os valores da organização.	B
Incorporar valores e Engajar	Envolvimento, acompanhamento	11.( ) Construo alinhamento e significado em relação aos objetivos, às mudanças e ao futuro promissor. 12.( ) Envolvo-me mais e demonstro maior engajamento em meu papel de gestor e representante da empresa, administrando conflitos e criando coerência estratégica. 13.( ) Retiro as fontes de punição para desempenho eficaz.	A
	Promover meritocracia	14.( ) Retiro as recompensas para promessas não entregues, desempenho abaixo do esperado ou atitudes inadequadas. 15.( ) Aplico reconhecimento a quem merece. 16.( ) Consigo promover o senso de equipe, gerenciando-a de forma singular e justa.	

Gestão da Singularidade

Capacitar e desenvolver	Apoiar e confirmar valores	17.( ) Quando a equipe está sobrecarregada, transmito compreensão, apoio, confirmação e reconhecimento. 18.( ) Promovo alto grau de interesse, energia e disposição entre os membros da equipe para o alcance das metas e dos objetivos propostos. 19.( ) Determino e influencio para que as regras e os procedimentos sejam cumpridos, ajudando a equipe a desempenhar no nível em que foi acordado e compromissado. 20.( ) Influencio as tomadas de decisões em alto nível.	B
	Analisar e criar espaço de conversação	21.( ) Diagnostico a equipe: tenho uma visão mais profunda das necessidades de atuação e desenvolvimento da equipe, compreendendo melhor o impacto de suas ações no ambiente organizacional e no desempenho dela. 22.( ) Ajudo a dominar novas tarefas e novos procedimentos, simplificando-os. 23.( ) Proporciono instrução, *feedback* e apoio para melhorar o desempenho, até que possa delegar à equipe/ao talento.	B
	Feedback	24.( ) Construo espaços de conversação e compartilhamento de informações/conhecimentos para propor e criar ideias, melhoria contínua, inovações e iniciativas de mudança. 25.( ) Providencio prática periódica dos procedimentos e das ações estratégicas, expandindo a capacidade da equipe. 26.( ) Verifico constantemente o curso de ação dos processos e das atividades estratégicas.	
	Verificar e acompanhar	27.( ) Ajudo a ordenar a sequência de trabalho que precisar ser seguida corretamente. 28.( ) Ajudo o talento a se acalmar e pensar racionalmente. 29.( ) Planejo o desenvolvimento individual dos funcionários. 30.( ) Forneço ferramental e material apropriados.	

Como é possível perceber, há muitas tarefas relevantes que os líderes precisam fazer e a maioria, quando se depara com essa complexidade, acaba se perdendo em desculpas como falta de tempo para planejar, falta de recursos, excesso de pressão e tantas outras mais.

É completamente possível mudar esse modelo mental de gestão.

Construir um futuro é propor perguntas realmente relevantes, que nos levem a um patamar superior de atuação diante da complexidade, por exemplo:

> Qual será o maior desafio da liderança e da gestão de pessoas? Qual é sua missão? Seu principal foco? Seu principal fator crítico de sucesso? Sua meta mais importante? O que o torna diferente de outros?

O maior desafio da gestão eficaz é ter coragem de continuar concentrado nos desafios relevantes e no que eles exigem em termos de resposta:

> Como fazer a empresa crescer?
> Como conquistar e manter clientes?
> Como maximizar o desempenho dos processos?
> Como transformar talentos em valor — inspirar uma causa e construir profissionais notáveis?

Ian Brooks, autor do *best-seller Ganhando mais*, afirma que "os consumidores não são apenas importantes para seu negócio, eles são o seu negócio. Sem eles, você não tem nada. Se você quer ser o número um, deve ouvir o que eles dizem e aprender com eles, porque, com o tempo, eles vão lhe dizer tudo o que você precisa saber para dirigir um negócio de sucesso".

Peter Cappelli, Professor de Gestão e diretor do centro de recursos humanos da Wharton School, constata que "a empresa quer gente com a capacitação necessária na hora certa — e de uma maneira com a qual possa pagar. O funcionário quer perspectivas de avanço e controle sobre a própria carreira. A sociedade na qual atuam e a economia de modo geral precisam de um nível maior de qualificação, sobretudo competências mais profundas de gestão, algo que se cultiva melhor na própria empresa.

Esses desejos, não raro conflitantes, não são contemplados por práticas de desenvolvimento já em uso".

Howard Schultz, CEO da Starbucks Coffee, oferece uma visão notável sobre a maneira de fazer negócios:

"Temos a prova viva de que uma empresa pode funcionar com o coração, nutrir a alma e ainda assim render lucros. Mostra que uma empresa pode oferecer, a longo prazo, valor para seus acionistas sem sacrificar a crença central de que deve tratar seus funcionários com respeito e dignidade, tanto porque tem uma equipe de líderes que acreditam que isso é certo quanto porque essa é a melhor forma de se fazer negócios".

PRÁTICAS DE GESTÃO CONSISTENTES COM A REALIDADE DE MERCADO

Líderes eficazes estão criando organizações inteligentes que utilizam seu conhecimento para criar vantagem competitiva sustentável.

O foco da gestão deve estar na criação
de experiências e inovações funcionais,
úteis e significativas. Funcionais no sentido
de facilitar a vida dos funcionários, para que
possam focar na perfeita realização de seu trabalho,
úteis no sentido de servirem a um real propósito
e significativas no sentido de terem impacto relevante
para construir o verdadeiro engajamento.

Quando o gestor sabe o que realmente quer dizer e manifesta uma rota clara sob a luz dessa sabedoria, os relacionamentos e *feedback* melhoram, a ação fica mais eficaz e ajustada à estratégia — e o desempenho sobe.

Esses resultados consistentes de gestão não provêm de estilos ou da personalidade dos gestores e, sim, de práticas muito bem desenhadas e aplicadas por eles.

AS TRÊS ÁREAS DOS GESTORES DA SINGULARIDADE

Já demonstrei antes as três áreas ou dimensões do gestor da singularidade:

1 – Traduzir o caminho estratégico

Criar uma comunicação envolvente que demonstre os significados da mudança, sua visão positiva e os objetivos da organização, delineando as oportunidades e os desafios. A comunicação é a expressão maior dos atos de um gestor.

Suas palavras e ações impactam e definem a qualidade de comprometimento de seus subordinados. Sua comunicação não é definida pelo que transmite, mas pela resposta comportamental que obtém de sua equipe.

Líderes trabalham com diferentes tipos de pessoas, portanto sua comunicação e seu relacionamento devem corresponder a essas diferenças.

Norton e Kaplan costumam dizer que o sucesso da implementação de uma nova estratégia é comunicar sete vezes de sete formas diferentes.

2 – Incorporar valores

A gestão estratégica de pessoas amadurece não só no sentido de promover o alinhamento dos talentos à estratégia dos negócios, mas também de criar a verdadeira conexão emocional para que essas pessoas sintam-se relevantes e engajadas a contribuir de maneira excelente, produzir valor e alcançar os resultados estratégicos da organização.

À medida que os ativos intangíveis vão sendo cada vez mais responsáveis pela geração do valor, mais as empresas estão apostando no desenvolvimento de relacionamentos maduros e confiáveis — com o cliente e os empregados — para a construção da sua marca. Desenvolver serviços, produzir soluções, criar experiências significativas. Esse é o passaporte para o futuro.

É de grande valia que o executivo compreenda que os talentos valorosos trabalham e ficam na empresa porque ali, por enquanto, há uma oportunidade de fazer um trabalho digno e próspero. Não é só porque necessitam e gostam de dinheiro.

Jeffrey Pfeffer afirma em suas pesquisas em gestão de talentos que há três temas comuns nas empresas centradas nas pessoas:

a. *Conjunto claro e expressivo de valores* amplamente compartilhados, sobre os quais se erguem suas práticas de gerenciamento.
b. Exibe um notável grau de alinhamento e *consistência nas práticas centradas nas pessoas* que expressam seu valores essenciais.
c. Possuem uma liderança cujo papel principal *é assegurar a manutenção desses valores*, muitas vezes concretizados para todos os que trabalham na organização.

O primeiro passo não é definir sua função ou objetivo, mas compreender profundamente sua missão, visão e seus valores. Encontrar sua âncora de carreira (motivos, valores e atitudes dos quais não se abre mão) para, depois, definir seus objetivos e suas competências, funções e ações.

Se os profissionais estão deslocados de suas habilidades e valores essenciais, trabalhando em tarefas que se distanciam de suas motivações, vão, consequentemente, produzir menos, podendo até criar valor negativo para a marca, descontando sua insatisfação na realização de trabalhos de baixa qualidade, aquém do esperado, ou no atendimento ao cliente, por exemplo.

Os talentos, principalmente os de alta performance, querem meritocracia, justiça. Querem perceber que estão fazendo algo com significado e valor, além de observar coerência no modelo de gestão da empresa.

3 – Capacitar talentos

Para ser ágil e ter capacidade de resposta, gestores precisam estar muito bem preparados e dispostos a estar próximos de sua equipe, compreendendo os problemas e as oportunidades que surgem no dia a dia da empresa. Uma vez que se determinou os resultados concretos possíveis, o passo seguinte é avaliar as capacidades e necessidades de seu pessoal. Definir as competências necessárias para o alcance dos objetivos estratégicos, criar planos individuais de desenvolvimento com objetivos, metas, indicadores, planos de ação e iniciativas de melhoria. Não encaminhe seus empregados para um seminário de "times de alta performance" sem ter uma noção muito clara das exatas lacunas e oportunidades de performance que sua equipe tem.

Fazer uma profunda análise e reflexão de como o seu conhecimento e o da sua equipe estão contribuindo para a melhoria de seus resultados. Por vezes, essas discrepâncias surgem porque você não está descrevendo claramente os objetivos a serem alcançados e os principais procedimentos e comportamentos para tal.

O CONHECIMENTO VALE OURO: SAIBA SEPARAR O QUE É E O QUE NÃO É RELEVANTE

Nonaka e Takeuchi, conhecidos como pais da gestão do conhecimento, afirmam que a gestão do conhecimento está no centro de o que a gestão tem de fazer no ambiente de mudanças rápidas atuais. Gestores são prestadores de serviços em conhecimento relevante, para criar, transmitir e incorporar diferentes tipos de conhecimentos que façam a mudança interior ser igual ou mais rápida que a mudança exterior.

A capacitação é fundamental na gestão do conhecimento, pois o gestor da singularidade cria condições e espaços de aprendizagem, conhecidos como BA — conceito definido por Nonaka e Takeuchi que significa "lugar", no sentido de oferecer os recursos para favorecer a criação, transmissão e incorporação de conhecimento relevante na empresa —, para que os talentos possam criar conhecimentos e incorporá-los para a perfeita execução de seus projetos. São sempre fomentados por diálogos, discussões, compartilhamento de experiências e comunidades de práticas.

Rivadávia Alvarenga Neto esclarece que "a gestão do conhecimento deve ser compreendida como o conjunto de atividades voltadas para a promoção do conhecimento organizacional, possibilitando que as organizações e seus colaboradores sempre utilizem as melhores informações e os melhores conhecimentos disponíveis, a fim de alcançar os objetivos organizacionais e maximizar a competitividade".

O gestor da singularidade apresenta a habilidade de conhecer profundamente o que sua equipe necessita para desempenhar bem suas tarefas e administra esse conhecimento pelas trinta práticas de gestão, que logo serão demonstradas.

O gestor é também um mediador da aprendizagem de seus talentos, construindo conhecimento a partir das necessidades que os objetivos organizacionais demandam, assim como das fases em que os talentos se encontram em seus respectivos processos de desempenho.

NÍVEL DE PROFICIÊNCIA			
just for you, in time, enough			
1 – Aprendiz	**2 – Proficiente**		**3 – Mestre**
	A	B	
Nenhum conhecimento	Conhecimentos básicos e limitados	Conhecimento aplicado	Conhecimento profundo aplicado
Nenhuma experiência	Habilidade limitada	Apto para aplicar o conhecimento em atividades rotineiras	Aplica o conhecimento em ambientes de complexidade e turbulência
Precisa de assistência com frequência	Precisa atuar com assistência esporadicamente	Precisa atuar com assistência em ambientes complexos e turbulentos	É visto como exemplo e pode ensinar os outros

O conhecimento que vale ouro precisa ser extraído entre tantas outras informações que não são tão relevantes assim. O conhecimento valoroso não é necessariamente aquele que faz a equipe saber mais, mas, sim, aquele capaz de fazê-la realizar melhor seus projetos, solucionar seus problemas de gestão. Assim, para atuar com maestria, o gestor precisa distinguir que o conjunto de informações e conhecimentos relevantes que um aprendiz precisa para atuar de forma ética e eficaz é completamente diferente do conjunto de informações e conhecimentos que um mestre precisa. É um modelo refinado, baseado no *just for you, just in time, just enough*, conceito que parte do pressuposto de que é mais eficaz, rápido e consistente construir práticas de aprendizagem alinhadas às necessidades do sujeito, assim como aos diferentes estágios de proficiência em que ele se encontra.

Aquilo que é necessário ao sujeito: conseguir oferecer conhecimento relevante ao aprendiz, alinhado ao seu objetivo de aprendizagem. Capacidade para fazer uma análise do que o aprendiz já sabe, possui e aplica em termos de conhecimento, em determinado nível de atuação. Ter clareza sobre o que ele precisar fazer especificamente, tanto para dar conta de seus objetivos em seu nível ou estágio, como também o que ele precisa aprender para ascender ao próximo nível de atuação.

O que ele precisa nesse momento: obter clareza sobre o que o aprendiz precisa aprender para realizar ações no tempo presente, diante da circunstância em que se encontra. O aprendiz sempre clama por informação precisa, detalhada e relevante nos momentos mais significativos. Estratégias modernas de aprendizagem são excelentes em dar a informação que o aprendiz precisa, quando ele precisa. Nem antes, nem depois.

O que é suficiente: diante de um cenário de excesso de informações, é extremamente importante conseguir oferecer a quantidade adequada de informação, nem mais, nem menos. Saber construir blocos de conhecimento perfeitamente ajustados às necessidades, para que o aprendiz consiga assimilá-las e aplicá-las, realizando na velocidade e consistência adequada aos seus objetivos atuais. O conhecimento passa a ser como alimento: muito, engorda; pouco, desnutre. O diferencial está em conseguir oferecer o necessário para alimentá-lo e fortalecê-lo, deixando-o apto para desempenhar e alcançar suas realizações. Conhecimento sob medida para o talento específico, com conhecimento suficiente, resolvendo uma necessidade do presente momento.

Chun Wei Choo, em seu livro *A Organização do Conhecimento*, avalia que "na construção do conhecimento, a empresa identifica e estimula atividades que geram conhecimentos capazes de fortalecer as capacidades organizacionais específicas, permitindo que elas cresçam com o tempo". Para ser bem-sucedida nessas práticas, a empresa precisa de gestores muito bem capacitados a responder três fundamentais perguntas:

1. Que conhecimentos a organização precisa adquirir para se tornar constantemente competitiva?
2. Que conhecimentos eu, como gestor, preciso apresentar para criar, transferir e incorporar as competências essenciais da empresa?
3. Que conhecimentos cada um de minha equipe precisa para ter um desempenho no mais alto grau de excelência, a fim de cumprir com maestria a execução exemplar da estratégia?

Para garantir a aplicação e a performance do conhecimento estratégico, o gestor da singularidade utiliza as três áreas de atuação descritas acima: traduzir o caminho estratégico, incorporar valores e capacitar talentos. A partir dessas áreas, foram detectadas trinta práticas de gestão, sendo que destacamos nove práticas fundamentais para o gerenciamento exemplar.

Essas nove práticas foram destacadas a partir de dois relevantes critérios: as principais necessidades da equipe quanto à atuação do gestor e a eficácia da atuação dele em relação aos principais problemas de performance.

AS TRINTA PRÁTICAS DOS GESTORES DA SINGULARIDADE

Confira primeiro as trinta práticas, também denominadas descrições de habilidades de performance do gestor.

Estão distribuídas dez práticas para cada uma das três áreas de gestão de pessoas:

ORIENTAÇÃO ESTRATÉGICA

1. ( ) Comunico e esclareço o propósito estratégico (visão, missão, valores).
2. ( ) Defino a promessa estratégica (objetivo, indicador, meta, prazo, orçamento).
3. ( ) Defino os valores, as regras, as expectativas de performance e os procedimentos específicos, medindo os resultados.
4. ( ) Defino os papéis e responsabilidades de cada um da equipe.
5. ( ) Oriento tarefas, explico o que fazer e como fazer em casos importantes e/ou urgentes.
6. ( ) Proporciono *feedback* construtivo baseado em evidências.
7. ( ) Aumento a frequência e qualidade do acompanhamento, analiso medidas, relatórios, dados e comportamentos.
8. ( ) Elimino as ambiguidades de decisão, prioridades e/ou responsabilidades.
9. ( ) Defino problemas, conduzo análises, decisões e ações a partir de fatos e evidências, minimizando crenças e opiniões.
10. ( ) Audito um curso de ação quando estiver incoerente ou desalinhado com a estratégia, os procedimentos ou os valores da organização.

INCORPORAÇÃO DE VALORES

11. ( ) Construo alinhamento e significado em relação aos objetivos, às mudanças e ao futuro promissor.
12. ( ) Envolvo-me mais e demonstro maior engajamento em meu papel de gestor e representante da empresa, administrando conflitos e criando coerência estratégica.
13. ( ) Retiro as fontes de punição para desempenho eficaz.
14. ( ) Retiro as recompensas para promessas não entregues, desempenho abaixo do esperado ou atitudes inadequadas.
15. ( ) Aplico reconhecimento a quem merece.
16. ( ) Consigo promover o senso de equipe, gerenciando-a de forma singular e justa.
17. ( ) Quando a equipe está sobrecarregada, transmito compreensão, apoio, confirmação e reconhecimento.

18. ( ) Promovo alto grau de interesse, energia e disposição entre os membros da equipe para o alcance das metas e dos objetivos propostos.
19. ( ) Determino e influencio para que as regras e os procedimentos sejam cumpridos, ajudando a equipe a desempenhar no nível em que foi acordado e compromissado.
20. ( ) Influencio as tomadas de decisões em alto nível.

CAPACITAÇÃO DE TALENTOS

21. ( ) Diagnostico a equipe: tenho uma visão mais profunda das necessidades de atuação e desenvolvimento da equipe, compreendendo melhor o impacto de suas ações no ambiente organizacional e no desempenho dela.
22. ( ) Ajudo a dominar novas tarefas e novos procedimentos, simplificando-os.
23. ( ) Proporciono instrução, *feedback* e apoio para melhorar o desempenho, até que possa delegar à equipe ou ao talento.
24. ( ) Construo espaços de conversação e compartilhamento de informações e conhecimentos para propor e criar ideias, melhorias contínuas, inovações e iniciativas de mudança.
25. ( ) Providencio prática periódica dos procedimentos e das ações estratégicas, expandindo a capacidade da equipe.
26. ( ) Verifico constantemente o curso de ação dos processos e das atividades estratégicas.
27. ( ) Ajudo a ordenar a sequência de trabalho que precisa ser seguida corretamente.
28. ( ) Ajudo o talento a se acalmar e pensar racionalmente.
29. ( ) Planejo o desenvolvimento individual dos funcionários.
30. ( ) Forneço ferramental e material apropriados.

Destaco aqui as práticas de gestão que são relevantes para a melhoria de performance do gestor e de sua equipe.

Cruzando as informações sobre as necessidades mais latentes na melhoria da equipe, identifico nove práticas que considero fatores cruciais para a melhoria do desempenho do gestor e da equipe.

Essas nove práticas, manifestadas de forma harmônica e íntegra, solucionam grande parte dos problemas de relacionamento e performance entre a equipe e o gestor.

As nove práticas de gestão mais impactantes

1. Comunico e esclareço o propósito estratégico (visão, missão, valores).
3. Defino os valores, as regras, as expectativas de performance e os procedimentos específicos, medindo os resultados.
8. Elimino as ambiguidades de decisão, prioridades e/ou responsabilidades.
12. Envolvo-me mais e demonstro maior engajamento em meu papel de gestor e representante da empresa, administrando conflitos e criando coerência estratégica.
16. Consigo promover o senso de equipe, gerenciando-a de forma singular e justa.
17. Quando a equipe está sobrecarregada, transmito compreensão, apoio, confirmação e reconhecimento.
23. Proporciono instrução, *feedback* e apoio para melhorar o desempenho, até que possa delegar à equipe ou ao talento.
24. Construo espaços de conversação e compartilhamento de informação e conhecimentos para propor e criar ideias, melhorias contínuas, inovações e iniciativas de mudança.
26. Verifico constantemente o curso de ação dos processos e das atividades estratégicas.

PRÁTICAS EFICAZES DE GESTÃO		
A	Comunico e esclareço o propósito estratégico.	Fomento e manifesto o senso de justiça e valores declarados.	Construo espaços de conversação (BA) para questões maduras e construtivas (ideias).
B	Defino valores, critérios e expectativas de performance.	Envolvo-me e demonstro maior engajamento.	Proporciono instrução e *feedback* frequente.
C	Elimino ambiguidades de decisão, prioridades e/ou responsabilidades.	Transmito compreensão e apoio às competências em momentos de mudança.	Verifico constantemente o curso de ação dos processos estratégicos.

Apresento duas sugestões de utilização das trinta práticas:

GESTORES DE RESULTADO IMPERATIVOS DE AÇÃO	
1. Comunico e esclareço o propósito estratégico (visão, missão, valores).	(1) 1 2 3 4 5 6 7 8 9 10
2. Defino valores, expectativas de performance, regras, critérios e procedimentos específicos.	(2) 1 2 3 4 5 6 7 8 9 10
3. Elimino ambiguidades de decisão, prioridades e/ou responsabilidades..	(3) 1 2 3 4 5 6 7 8 9 10
4. Envolvo-me mais e demonstro maior engajamento em meu papel de gestor e representante da empresa, administrando conflitos e criando coerência estratégica.	(4) 1 2 3 4 5 6 7 8 9 10
5. Consigo promover o senso de equipe, gerenciando-a de forma singular e justa.	(5) 1 2 3 4 5 6 7 8 9 10
6. Quando a equipe está sobrecarregada, transmito compreensão, apoio, confirmação e reconhecimento.	(6) 1 2 3 4 5 6 7 8 9 10
7. Proporciono instrução, *feedback* e apoio para melhorar o desempenho de novos procedimentos e novas tarefas.	(7) 1 2 3 4 5 6 7 8 9 10
8. Construo espaços de conversação e compartilhamento de info/conhecimento para propor e criar ideias, melhorias contínuas, inovações e iniciativas de mudança.	(8) 1 2 3 4 5 6 7 8 9 10
9. Verifico constantemente o curso de ação dos processos e das atividades estratégicas.	(9) 1 2 3 4 5 6 7 8 9 10

1. Utilize a ferramenta das nove práticas principais para conversar com sua equipe e solicitar um *feedback* honesto de sua atuação dentro disso.

a. Peça que cada talento de sua equipe aplique uma nota de 0 a 10 para cada uma das práticas.
b. Peça para sua equipe avaliar você, com a máxima honestidade e precisão possível.
c. Pergunte à equipe como, especificamente, você pode ser mais efetivo.
d. Liste quatro gestores que são exemplos de excelência e veja como eles se classificam nesse teste.
e. Coloque uma décima questão, em branco, para que eles possam preenchê-la com alguma outra prática importante para eles.
f. Estabeleça contextos, exemplos ou histórias que eles possam contar para conhecer melhor em quais situações essas práticas se encaixam e se são realmente relevantes.
g. Defina para si um ou dois objetivos de aprendizagem para melhorar sua performance como gestor.
f. Consulte um mentor ou *coach* para ajudar a monitorar e avaliar seus esforços.

> A produtividade da sua equipe sempre aumenta
> quando você aplica melhor suas práticas de gestão.

Se você trabalha numa empresa mais madura, onde performance é analisada diariamente e precisão e detalhes fazem parte de seu cotidiano, então pode utilizar essa segunda versão, mais completa e aprofundada.

2. Utilize a ferramenta mais detalhada com as trinta práticas para conversar com sua equipe e solicitar um *feedback* honesto de sua atuação como gestor:

DIRETOR DECISIVO COORDENADOR CONFIANTE GESTOR DE INFORMAÇÕES	
ORIENTAÇÃO	
1.( ) Comunico e esclareço o propósito estratégico (visão, missão, valores).	(1) 1 2 3 4 5 6 7 8 9 10
2.( ) Defino a promessa estratégica (objetivo, indicador, meta, prazo, orçamento).	(2) 1 2 3 4 5 6 7 8 9 10
3.( ) Defino os valores, as regras, as expectativas de performance e os procedimentos específicos, medindo os resultados.	(3) 1 2 3 4 5 6 7 8 9 10
4.( ) Defino os papéis e as responsabilidades de cada um da equipe.	(4) 1 2 3 4 5 6 7 8 9 10
5.( ) Oriento tarefas, explico o que fazer e como fazer em casos importantes e/ou urgentes.	(5) 1 2 3 4 5 6 7 8 9 10
6.( ) Proporciono *feedback* construtivo baseado em evidências.	(6) 1 2 3 4 5 6 7 8 9 10
7.( ) Aumento a frequência e qualidade do acompanhamento, analiso medidas, relatórios, dados, comportamentos.	(7) 1 2 3 4 5 6 7 8 9 10
8.( ) Elimino as ambiguidades de decisão, prioridades ou responsabilidades.	(8) 1 2 3 4 5 6 7 8 9 10
9.( ) Defino problemas, conduzo análises, decisões e ações a partir de fatos e evidências, minimizando crenças e opiniões.	(9) 1 2 3 4 5 6 7 8 9 10
10.( ) Audito um curso de ação quando estiver incoerente ou desalinhado com a estratégia, os procedimentos ou os valores da organização.	(10) 1 2 3 4 5 6 7 8 9 10
(Total orientação)	_____ ÷ 10 = _____

ENGAJAMENTO

11.( ) Construo alinhamento e significado em relação aos objetivos, às mudanças e ao futuro promissor.	(11) 1 2 3 4 5 6 7 8 9 10
12.( ) Envolvo-me mais e demonstro maior engajamento em meu papel de gestor e representante da empresa, administrando conflitos e criando coerência estratégica.	(12) 1 2 3 4 5 6 7 8 9 10
13.( ) Retiro as fontes de punição para desempenho eficaz.	(13) 1 2 3 4 5 6 7 8 9 10
14.( ) Retiro as recompensas para promessas não entregues, desempenho abaixo do esperado ou atitudes inadequadas.	(14) 1 2 3 4 5 6 7 8 9 10
15.( ) Aplico reconhecimento a quem merece.	(15) 1 2 3 4 5 6 7 8 9 10
16.( ) Consigo promover o senso de equipe, gerenciando-a de forma singular e justa.	(16) 1 2 3 4 5 6 7 8 9 10
17.( ) Quando a equipe está sobrecarregada, transmito compreensão, apoio, confirmação e reconhecimento.	(17) 1 2 3 4 5 6 7 8 9 10
18.( ) Promovo alto grau de interesse, energia e disposição entre os membros da equipe para o alcance das metas e dos objetivos propostos.	(18) 1 2 3 4 5 6 7 8 9 10
19.( ) Determino e influencio para que as regras e procedimentos sejam cumpridos, ajudando a equipe a desempenhar no nível em que foi acordado e compromissado.	(19) 1 2 3 4 5 6 7 8 9 10
20.( ) Influencio as tomadas de decisões em alto nível.	(20) 1 2 3 4 5 6 7 8 9 10
(Total engajamento)	_____ ÷ 10 = _____

CAPACITAÇÃO

21.( ) Diagnostico a equipe: tenho uma
visão mais profunda das necessidades
de atuação e desenvolvimento da equipe,
compreendendo melhor o impacto de
suas ações no ambiente organizacional
e no desempenho dela.

(21) 1 2 3 4 5 6 7 8 9 10

22.( ) Ajudo a dominar novas tarefas e novos
procedimentos, simplificando-os.

(22) 1 2 3 4 5 6 7 8 9 10

23.( ) Proporciono instrução, *feedback*
e apoio para melhorar o desempenho,
até que possa delegar à equipe ou ao talento.

(23) 1 2 3 4 5 6 7 8 9 10

24.( ) Construo espaços de conversação
e compartilhamento de informações e
conhecimentos para propor e criar ideias,
melhorias contínuas, inovações e iniciativas
de mudança.

(24) 1 2 3 4 5 6 7 8 9 10

25.( ) Providencio prática periódica
dos procedimentos e das ações estratégicas,
expandindo a capacidade da equipe.

(25) 1 2 3 4 5 6 7 8 9 10

26.( ) Verifico constantemente o curso de ação
dos processos e das atividades estratégicas.

(26) 1 2 3 4 5 6 7 8 9 10

27.( ) Ajudo a ordenar a sequência de trabalho
que precisar ser seguida corretamente.

(27) 1 2 3 4 5 6 7 8 9 10

28.( ) Ajudo o talento a se acalmar
e pensar racionalmente.

(28) 1 2 3 4 5 6 7 8 9 10

29.( ) Planejo o desenvolvimento individual dos
funcionários.

(29) 1 2 3 4 5 6 7 8 9 10

30.( ) Forneço ferramental e material
apropriados.

(30) 1 2 3 4 5 6 7 8 9 10

(Total capacitação)

____ ÷ 10 = ____

a. Peça que cada talento de sua equipe aplique uma nota de 0 a 10 para cada uma das práticas.
b. Peça para sua equipe avaliar você, com a máxima honestidade e precisão possível.
c. Pergunte à equipe como, especificamente, você pode ser mais efetivo.
d. Liste quatro gestores que são exemplos de excelência e veja como eles se classificam nesse teste.
e. Estabeleça contextos, exemplos ou histórias que eles possam contar para conhecer melhor em quais contextos essas práticas se encaixam e se são realmente relevantes.
f. Defina para si um ou dois objetivos de aprendizagem para melhorar sua performance como gestor. Você pode utilizar, por exemplo, o critério de relevância estratégica e o de prática mais votada.
g. Consulte um mentor ou *coach* para ajudar a monitorar e avaliar seus esforços.

Alcançar os resultados estratégicos por meio de sua equipe exige alta capacidade de entrega e aplicação das práticas de gestão. Isso lhe dá condição e capacidade de fazer que a equipe trabalhe de forma ética e eficaz para alcançar seus resultados estratégicos.

É muito importante que você saiba quais são e reconheça as práticas que mais impactam na performance da equipe. Quanto mais souber das suas necessidades de conhecimento da sua equipe, maior será a chance de utilizar práticas condizentes, que tenham impacto direto, consistente e duradouro na performance dela.

Compreendendo claramente o que seu time precisa, você desenvolve sua capacidade de gestão e ao mesmo tempo oferece os valores, os conhecimentos e as habilidades necessárias para que a empresa manifeste suas competências essenciais e seja creditada como uma organização que entrega o que promete.

CAPÍTULO **8**

NÍVEL 5: DOMÍNIO DO SISTEMA — LIDANDO COM A COMPLEXIDADE: ACONTECIMENTO, SUJEITO, PROBLEMAS E SOLUÇÃO

PRATICANDO A SINGULARIDADE

NÍVEL 5 — APLICAÇÃO INTEGRAL DE TODOS OS NÍVEIS

› Atuando em alta performance no dia a dia da empresa.

› O gestor faz as modificações positivas enquanto o jogo acontece.

› Os cinco estágios da singularidade: O que acontece? De quem é a performance? Como atuou dentro do processo? Qual a razão de não ter feito o que precisava ser feito? Quais práticas de gestão precisam ser oferecidas?

› Defina as questões de performance ou os problemas pelos quais a equipe está passando.

› Identifique quais e quantos são os talentos envolvidos.

› Analise o processo de trabalho para clarificar como realmente aconteceu o evento.

› Compreenda as verdadeiras razões que impedem/permitem a equipe atuar melhor, através dos dez fatores de desempenho.

› Construa soluções de orientação, engajamento e capacitação, baseando-se nas trinta práticas de gestão.

› O gestor ajuda a equipe a assumir as responsabilidades pelos projetos acordados e consegue obter o sucesso das metas.

Análise e incremento de performance:
Um modelo de atuação para analisar e incrementar a performance.

O GESTOR FAZ AS MODIFICAÇÕES ENQUANTO O JOGO ACONTECE

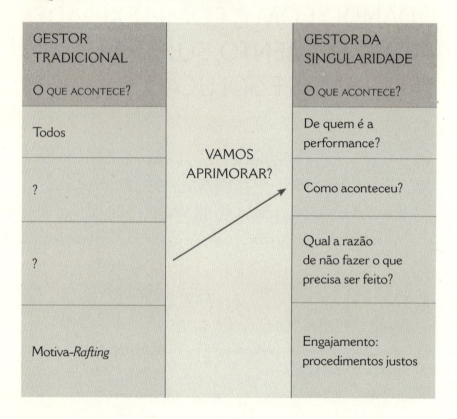

O gestor da singularidade deve gerenciar as circunstâncias adequadas para que as ações estratégicas sejam manifestadas e aprimoradas.

O modelo de gestão da singularidade utilizado aqui é compatível com outros modelos, como PDCA, BSC, Seis Sigma e o gerenciamento pelas diretrizes.

São modelos conhecidos e renomados, que possuem um histórico de utilização científica e aprovada por muitas empresas que atuam com qualidade e eficácia. Quando comparo gestores que aplicam o modelo da singularidade de cinco estágios com os que não o utilizam, vejo uma diferença de qualidade na análise, decisão e execução estratégicas. Quando o gestor apresenta bom discernimento para avaliar as questões e os problemas de performance, consegue construir soluções eficazes que dão fluxo e força à execução da estratégia.

EXEMPLO DE UM GESTOR ATUANDO DENTRO DO MODELO TRADICIONAL

Paulo, um gestor tradicional, está em reunião com a gestora de RH para resolver uma questão de engajamento e performance. A gestora pergunta o que está acontecendo e Paulo diz que a equipe está com um problema de motivação e relacionamento. As pessoas estão brigando, não estão conseguindo conversar e se relacionar direito. E isso está afetando o ânimo de todos. Paulo diz que viu uma de suas excelentes funcionárias brigando com outra parceira de trabalho, no meio da loja, e até os clientes pararam para olhar. Paulo quer que o RH encontre um fornecedor que possa dar um curso de gestão de equipes, relacionamento e inteligência emocional. Passar um dia fazendo atividades ao ar livre para que as pessoas possam se entrosar mais e ficar mais próximas. O RH aceita o diagnóstico sem fazer outros questionamentos e sai à procura do fornecedor que possa realizar o seminário. O fornecedor, baseado nas informações que foram dadas, monta um seminário com vídeos impactantes, música envolvente, atividades com cordas e bolinhas, dinâmicas na mata, terminando com um resumo sobre o que aprenderam e como vão levar esse aprendizado para o dia a dia da empresa.

São ditas uma enxurrada de frases feitas:

— Aprendemos como nos organizar melhor, respeitar o que os outros estão fazendo, conversar mais com os colegas e como entender e nos colocar no lugar do outro. Frequentemente encerram o treinamento com um final emocionante, com uma música bonita e marcante, e todos se abraçam e terminam felizes.

Na segunda-feira, volta-se ao trabalho, e, exatamente uma semana depois, é possível perceber claramente que o aprendizado do seminário não foi incorporado ao ambiente. Quando refletimos sobre esse fenômeno, dizemos que o ambiente de trabalho não recepciona os novos conhecimentos, ou que as pessoas ainda não incorporaram os novos conceitos, ou até mesmo que a cultura não absorve as novas atitudes necessárias para a melhoria do clima e desempenho organizacional.

Mas quero propor uma nova visão. O que estamos constatando é que os gestores e RHs se comportam como médicos ruins. Fazem um diagnóstico incompleto e oferecem um remédio que não funciona completamente.

O gestor tradicional fez uma análise superficial do problema, não procurou saber exatamente o que estava acontecendo, não investigou as verdadeiras razões do não engajamento e da baixa performance. Dessa forma, remediou com um treinamento motivacional que não foi eficaz, não exatamente pela sua relevância, mas porque não era a solução customizada para o verdadeiro problema que a equipe enfrentava.

Compreenda como Ana, gestora de RH que conhece o modelo da singularidade de cinco estágios, ajuda o gestor a analisar profundamente a questão de performance e construir um conjunto de soluções mais adequadas para resolver por completo a questão.

— Paulo, conte um pouco sobre o que está acontecendo com sua equipe.

— Ana, minha equipe está com problemas de relacionamento e motivação. As pessoas não estão conseguindo conversar e se relacionar direito. E isso está afetando o ânimo e desempenho de todos.

— Paulo, você tem vinte funcionários. Está dizendo que todos estão brigando e não se relacionando bem?

— Não, claro que não! Na verdade, o foco está numas quatro pessoas, principalmente na Cláudia e na Rita. E olha que a Cláudia é uma das minhas principais funcionárias. Eu passei e a vi brigando com a Rita no meio da loja, e todos os clientes pararam para olhar.

— E você sabe o motivo da briga?

— Ainda não, apartei a briga, dei uma bronca nas duas e segui em frente. Acho que precisamos encontrar um profissional que possa dar um curso de gestão de equipes, relacionamento e inteligência emocional. Talvez passar um dia fazendo atividades ao ar livre para que as pessoas possam se entrosar mais e ficar mais próximas umas das outras.

— Paulo, você me permite verificar o que realmente aconteceu, para poder encontrar uma solução mais adequada à questão? Dê-me umas horas e amanhã voltamos a conversar.

— Claro, Ana, tudo bem!

Ana vai até a loja para averiguar o que realmente está acontecendo e o porquê da dificuldade de relacionamento. Eis o que descobre: Rita é a típica funcionária que não faz por inteiro suas responsabilidades e tarefas. No seu turno, deixa de organizar e limpar os produtos na prateleira, não fecha direito o caixa e sempre está repassando suas tarefas para a próxima funcionária, que é a Cláudia. Cláudia é extremamente responsável, e não quer deixar a loja desarrumada para os clientes. Então, ao arrumar a loja e reorganizar o caixa, o que deveria ser feito por Rita, perde um tempo considerável, não conseguindo fazer todas as suas tarefas. Cláudia já falou com Rita inúmeras vezes, mas Rita, sarcástica, simplesmente diz que não deu tempo. O clima está tenso porque existe um grupo que defende Cláudia e um que defende Rita, dizendo que Cláudia não é a chefe, portanto, não tem de se meter no serviço dos outros.

Determinado dia, Cláudia ficou extremamente irritada com o comportamento frequente e irresponsável de Rita e foi tirar satisfação. Rita sorriu e a ironizou, dizendo que ela não mandava em nada ali. Então, Cláudia perdeu a linha e começou a gritar com Rita, bem no meio da loja. Nesse exato momento, passa o gestor e apazigua a briga. E foi só!

— Como você pode ver, Paulo, a questão toda aconteceu porque as regras de conduta e tarefas não estão sendo respeitadas. E não tem ninguém com poder para ir lá, verificar e corrigir esses erros. Elas não precisam de um treinamento motivacional. Precisam que o gestor delas esteja mais próximo dos acontecimentos, acompanhando e sendo o guardião dos valores, das regras e das expectativas de desempenho. A solução é o gestor esclarecer as regras e tarefas distribuídas, cuidando para que todos cumpram o que foi prometido. O clima está ruim porque há profissionais que não estão cumprindo com suas responsabilidades, e, o pior de tudo, existe o gestor que ignora e apoia esse tipo de irresponsabilidade. Cláudia está tendo de fazer o papel de gestor que você deveria estar fazendo. E está se indispondo por isso. Esse papel é seu, não dela!

— Compreendo, Ana, vou fazer uma reunião para esclarecer tudo isso.

Paulo faz uma reunião com todos, esclarece os pontos nevrálgicos e critérios de performance e valor e começa a acompanhar e gerenciar de forma mais assertiva.

Em função de o gestor aplicar com mais frequência e eficácia suas práticas de gestão, Rita e outras funcionárias não repassam mais suas responsabilidades a outras colegas e, misteriosamente, duas semanas depois os problemas de performance e engajamento desaparecem.

Como Ana ajudou Paulo? Ao entender as questões de engajamento e performance, tomou uma decisão crucial para o problema. Não generalizou, não colocou todos no mesmo barco. Procurou saber quem e quantos estavam sentindo ou provocando o problema. Depois, foi realmente a fundo para saber o que aconteceu. E procurou saber qual a verdadeira razão de os funcionários não fazerem o que precisava ser feito. Somente aí descobriu o verdadeiro problema. Profissionais repassando responsabilidades e tarefas a outros, assim como o gestor permitindo a baixa performance e o descumprimento das regras. Dessa forma, a solução de treinamento motivacional não era o verdadeiro remédio, a não ser que ele conseguisse estratificar as verdadeiras razões e tivesse poder para fazer que Rita respondesse de forma eficaz por seus compromissos e tarefas.

A solução de Ana foi muito mais precisa e elegante. O gestor esclarecendo os valores e as expectativas de performance de cada funcionário e manifestando melhor suas práticas de acompanhamento e verificação dos cursos de ação. Uma solução eficaz e definitiva.

POTENCIALIZANDO OS RESULTADOS DA EQUIPE

O modelo da gestão da singularidade que utilizamos contém cinco estágios em sequência e integrados uns aos outros para conseguir ajudar o gestor a potencializar os resultados de sua equipe:

1. Defina as questões de performance e os problemas pelos quais a equipe está passando.
2. Identifique os talentos envolvidos. Atenção para não generalizar e dizer que todos da equipe apresentam o problema.
3. Analise o processo de trabalho para clarificar como realmente aconteceu o evento.
3a. Rastreie a sequência de eventos (o que está sendo feito *versus* o que precisa ser feito).
3b. Encontre os pontos cegos e seus respectivos responsáveis.
4. Compreenda as verdadeiras razões que impedem ou permitem atuar melhor, por meio dos Fatores de Desempenho (FID e FED).
4a. Tenha clara compreensão de o quanto é somente responsabilidade humana (FID), ou se há também relação com os fatores externos (FED).
5. Construa e organize soluções de orientação, engajamento e capacitação baseadas nas trinta práticas de gestão.
5a. Crie um plano de ação orientado à estratégia; pode estar vinculado ao Mapa de Desenvolvimento.
5b. Acompanhe e verifique até que o conhecimento esteja incorporado.

Defina os problemas ou questões de performance da equipe

Como se diz em qualidade, problemas são resultados indesejáveis de um processo. O problema é uma meta não alcançada, seu objetivo não realizado e, principalmente, sua promessa estratégica não entregue da forma combinada com seus clientes.

A promessa estratégica é o comprometimento com a entrega de um produto, serviço ou experiência, em determinada quantidade/qualidade e determinado tempo.

Exemplos:

› Nos comprometemos a entregar a peça usinada com zero de refugo em pouco tempo.
› Nos comprometemos a vender 200 carros até o fim do ano.
› Nos comprometemos a entregar os 14 itens do relatório até as 22h de hoje.

Utilizo o termo "promessa estratégica" pois, segundo Donald Sull, promessas fomentam um senso mútuo de obrigação pessoal para com o compromisso assumido.

Organizações que se dão ao trabalho de construir promessas confiáveis e justas criam um senso de unidade e comprometimento entre os trabalhadores.

A promessa estratégica gera um senso de engajamento maior porque o talento entende a causa e as prioridades da organização, gerando a iniciativa para atender ao pedido e entraves ou prioridades conflitantes que dificultariam o cumprimento da promessa.

Precisamos ajudar os talentos a parar de se preocupar e se desculpar pelo que não conseguiram fazer e orientá-los, de forma madura, a compreender a importância de cumprir uma promessa que foi acordada. Obviamente, nossos exemplos como gestores precisam estar alinhados às promessas que fizemos dentro de nosso papel.

O importante é que possamos nos orientar a partir de uma promessa que precisa ser cumprida. E isso nada mais é do que um conjunto de responsabilidades e tarefas que foram contratadas por você e que se organizam numa meta. O profissional precisa saber a importância de conseguir realizar as tarefas determinadas para alcançar a meta.

Lembre-se do que é importante: a promessa deve alinhar-se a um objetivo e se revelar numa meta. Por exemplo, precisamos instalar 25 transformadores, em perfeito estado, em uma semana.

No caso anterior sobre a conversa entre gestor e RH sobre um talento que diminuiu sua performance, a promessa era:

— Ela batia uma meta de 220 itens nos três meses anteriores. No penúltimo mês fez 200, e neste mês passou a fazer 180 itens.

Quando vamos conversar com a equipe sobre os problemas e questões de performance, precisamos ter clareza da importância de expressar da maneira mais precisa possível a promessa da marca.

A entrega + a qualidade/quantidade + o prazo = meta
220 itens em um mês.

O objetivo principal ao definirmos a performance desejada é orientar e esclarecer as expectativas de atuação em relação à qualidade e relevância das tarefas que estarão alinhadas com os objetivos estratégicos.

Quando temos discrepância de resultados, podemos contrastá-la imediatamente com a promessa da marca.

Dessa forma, o funcionário tem conhecimento sobre as ações específicas que está fazendo, e pode compará-las com as ações que foram definidas para a realização dos objetivos estratégicos.

> Quanto maior a capacidade do gestor em esclarecer essas expectativas de performance, maior será a capacidade dos talentos em observar, descrever e gerenciar suas próprias performances. Quanto mais aprimorada essa habilidade, maior a compreensão de o que precisa ser feito para ser mais produtivo e positivamente impactante no trabalho.

IDENTIFIQUE QUAIS E QUEM SÃO OS TALENTOS ENVOLVIDOS

Atenção para não generalizar e dizer que todos os talentos da equipe apresentam o problema. É muito comum ouvir dos gestores:

— Precisamos dar um gás na equipe.
— Minha equipe está com problemas de relacionamento.
— Minha equipe está entregando abaixo do esperado.

> Depois que você compreender o conceito e a prática da gestão da singularidade, não cairá mais nessa armadilha. É preciso buscar quantos estão desmotivados, quem são eles e como atuam, para posteriormente saber as verdadeiras razões e construir soluções adequadas.

É muito mais funcional, eficaz e econômico oferecer uma solução de acompanhamento para 30% da equipe que realmente estão desmotivados e estabelecer critérios de performance e valores para outros 10%, do que levar *todos* para fazer uma atividade motivacional.

ANALISE O PROCESSO DE TRABALHO PARA CLARIFICAR COMO REALMENTE ACONTECEU O EVENTO

Normalmente, quando percebemos que o talento está entregando um resultado abaixo do esperado, o que normalmente fazemos é tentar oferecer mais informação, pois achamos que quando alguém não fez o prometido é porque faltou competência. Como se o profissional que não conseguiu fazer algo não o fez porque não tinha informação para fazê-lo.

É um pressuposto muito utilizado e é por isso que, naturalmente, encaminhamos pessoas ao treinamento. Dessa forma, vamos comunicar novamente o que ele precisa fazer ou vamos levá-lo para uma palestra motivacional para engajar a equipe.

Mas o que acontece é que temos pouca disposição para rastrear o processo e compreender a sequência de ações e pressupostos que o talento utilizou que o fez alcançar um resultado diferente do desejado.

Uma boa forma de impactar positivamente a performance é compreender como o talento processou a informação e a ação para realizar — ou não — os procedimentos ou as tarefas relevantes para alcançar os objetivos desejados.

Nesse momento, o gestor consegue dar um salto de qualidade quando analisa as ações e os pensamentos do talento para descobrir como entendeu e realizou o conjunto sequencial de tarefas que o fez alcançar seus resultados.

Resgato aqui uma prática da qualidade, muito disseminada e utilizada por Edwards Deming.

Recomendo enfaticamente o rastreamento do processo, pois é uma prática altamente eficaz e supera em qualidade as inúmeras soluções, pouco profundas, baseadas em sintomas, e não nas verdadeiras causas dos acontecimentos. A maioria dos projetos de engajamento baseia-se em sintomas e não em causas, criando soluções que melhoram superficialmente o ânimo dos profissionais, sem pesquisar a fundo as verdadeiras razões desse desânimo. Projetos de capacitação são desenvolvidos baseados em conteúdo (aquilo que o profissional dever saber), em vez de serem baseados em desempenho (aquilo que o profissional deve fazer). Já comentei que quando o profissional deixa de fazer as tarefas de maneira certa e correta nós simplesmente achamos que ele não sabe fazer, quando na verdade existem outros fatores de desempenho envolvidos.

Ao rastrear o processo você tem condições de analisar mais precisamente como agiu o talento diante das adversidades, assim como de detectar os pontos cegos (ou pontos a melhorar), seus respectivos responsáveis e seus possíveis impeditivos.

Detectar e conhecer a sequência de acontecimentos possibilita a você "rever o filme" e, baseado em evidências, poder analisar em que parte da linha do tempo aconteceu o ponto cego.

Ao reconhecer os inúmeros pontos cegos, você tem condições de preenchê-los de conhecimento relevante, fortalecendo o processo interno do profissional, que, por sua vez, fortalecerá o processo externo e a cadeia de valor.

Como se estivéssemos trabalhando numa cadeia de DNA, na qual ao detectarmos falhas teríamos condições de preenchê-las com informação genética e fazê-la funcionar.

Uma terceira vantagem é que você poderá confirmar quem e quais são os responsáveis pelo processo.

Será possível perceber se a responsabilidade é realmente do profissional, se é também parte sua ou se parte de outro profissional ou departamento.

Rastreie a sequência de eventos (o que está sendo feito *versus* o que precisa ser feito)

Uma boa maneira é ter em mente o conceito de contraste.

Você desenha uma sequência de filmagem, na qual em cima você coloca o que deveria ser feito e, embaixo, o que o talento efetivamente fez. Ao analisar o que está acontecendo na linha do tempo, você tem condições de encontrar o ponto cego, o ponto fora de controle, que é o exato momento quando o talento perde o domínio das tarefas. Ou por ter utilizado um pressuposto errado, ou por não conseguir dar conta de realizar um conjunto de tarefas no prazo determinado, ou porque outros fatores externos estão impedindo o talento de funcionar com agilidade e precisão.

Você já identificou a promessa da estratégia. Clarificou o alvo e criou a base para analisar o processo em que aconteceu o evento.

Agora, você vai solicitar ao talento que conte o que aconteceu, mas lembre-se de seguir os acontecimentos como um filme, pois o que você está procurando na sequência é o ponto cego, ou seja, o ponto no qual o talento desempenha abaixo do esperado. Ou por um pressuposto incorreto, ou por falta de planejamento, ou falta de habilidade, ou desinteresse, ou por restrições externas, você consegue perceber onde pode encontrar a falha, na qual escoa o conhecimento que faz o talento não cumprir as tarefas acordadas.

Encontre os pontos cegos e seus respectivos responsáveis

Ao rastrear a sequência e encontrar o ponto cego, você agora tem condições de perceber verdadeiramente quem é o responsável pela ação. Isso é muito importante, pois, por várias vezes, cometemos o erro de brigar com alguém que não tem autoridade para decidir sobre determinada questão. E, às vezes, percebemos que estamos conversando com alguém que não tinha poder para tomar uma decisão ou que não o fez porque não estava ao seu alcance. Em síntese, algo o está restringindo. Procuramos compreender o bloqueio específico, para imputarmos uma informação específica e fazer o processo fluir.

COMPREENDA AS VERDADEIRAS RAZÕES QUE IMPEDEM OU PERMITEM ATUAR MELHOR

Na sequência do que estamos conversando, uma questão fundamental é compreender se há algum tipo de restrição que impede o conhecimento estratégico fluir com consistência e rapidez. Pode ser que o talento não saiba o que precisa ser feito. Ou pode ser que o talento não saiba fazer adequadamente o que precisa ser feito. Também pode acontecer de o talento não querer fazer o que precisa ser feito, pois seu interesse diminuiu por algum motivo.

Como você já sabe, há os dez fatores de desempenho que dificultam a agilidade e a manifestação do conhecimento.

O talento sabe o que dever ser feito, tem as informações necessárias, mas não consegue realizar porque as relações ou a estrutura da organização não oferecem condições para que ele faça suas tarefas com comprometimento e agilidade.

Já ressaltei aqui que muitas das razões de desorientação, engajamento ou manifestação de habilidades que impactam no desempenho não são únicas e de exclusividade dos talentos.

Muitas organizações que aplicam gestão e avaliação de desempenho o fazem com a crença de que o capital humano é o único responsável pela qualidade do desempenho.

Porém, quando analisamos precisamente os influenciadores do desempenho, constatamos que os capitais estrutural, organizacional e sociocultural são os grandes responsáveis, junto ao capital humano, pelos problemas ou pela alavancagem dos resultados do desempenho, que foram traduzidos aqui como dez fatores de desempenho.

Tenha clara compreensão de o quanto é somente responsabilidade humana (FID), ou se há também relação com os fatores externos (FED)

Os gestores da singularidade devem dar atenção ao desenvolvimento do capital humano, mas também organizar e criar consonância com os outros ativos da organização para alavancar o desempenho.

Tudo isso o ajuda a definir um melhor projeto de capacitação e alinhamento da equipe, produzindo maior consonância entre todos os fatores de desempenho. Quanto mais bem orquestrados esses fatores, maior a capacidade da equipe em construir resultados para a organização.

Mais um exemplo da utilização dos dez fatores

— Como podemos ajudar a melhorar sua performance e a da sua equipe?

— Acho que tenho uma equipe muito imatura e não posso trocá-la.

— Por que acha isso? O que está observando nessa situação?

— A equipe não consegue entregar um projeto bem-feito.

— Elabore mais.

— Eu peço que eles sintetizem dez microprojetos e juntem tudo num projeto maior. Acontece que eles sintetizam com informações diferentes daquelas que os clientes precisam e utilizam dados que consideram importantes, em vez de utilizar a ótica de importância do cliente. Na hora da apresentação do projeto, o conteúdo apresentado é pouco relevante e o tempo de exposição sempre é ultrapassado. O cliente fica desconfortável e acaba não utilizando de maneira adequada nossas informações. E, mais ainda, não conseguimos nos posicionar como valorosos perante os nossos clientes.

— Essa é uma situação bastante complexa. Por favor, explique-me numa sequência lógica de tempo como você organiza esse trabalho para sua equipe de três pessoas?

— Eu demonstro os relatórios e o que cada um deve fazer. Eles vão fazer o relatório e têm uma semana para terminar. Um dia antes eu recebo os relatórios e percebo que não estão do jeito que eu pedi. Então, declaro minha insatisfação e acabo por levar o trabalho para casa para fazer os ajustes, pois eles não conseguem fazer a tempo. À noite, em casa, faço os relatórios e deixo-os prontos em três horas para apresentá-los no dia seguinte.

— Você leva três horas para fazer um trabalho que a sua equipe leva uma semana?

— Sim.

— Então você já deve receber quase tudo pronto e precisa fazer alguns ajustes.

— Não exatamente, muitas vezes tenho de configurá-los praticamente do zero.

— Ok, vou conversar com eles e aplicar o questionário para conhecer melhor o que está acontecendo.

Após uma reunião de duas horas com a equipe para analisar seu desempenho diante dessa situação, retorno ao gestor.

— Ao fazer uma análise do processo e dos fatores de desempenho, descobri os seguintes comportamentos: FID 2 (saber fazer). Sua equipe não está fazendo o projeto da forma que você indicou, pois não sabe como fazê-lo.

— Mas eu já expliquei muitas vezes.

— Isso é mais comum do que imagina. As pessoas não fazem algo certo porque entenderam, mas porque sabem precisamente, passo a passo, o que fazer. Elas acenam para você que entendem, mas, na verdade, não conseguem acompanhar e dominar a sequência de tarefas que precisam ser feitas na qualidade e no prazo adequados. Elas têm muitas outras atribuições e não dão conta de organizá-las a contento (elas não dominam por completo as habilidades de fazer e coordenar as tarefas).

"FED 5 (acompanhamento). Você não está acompanhando as tarefas da equipe adequadamente, mas, sim, apenas recebendo o projeto no último dia anterior à apresentação. Por vezes, horas antes.

"FED 5 (acompanhamento). No meio da semana a equipe tem muitas dúvidas e não tem a quem recorrer porque você está sempre ocupado e impaciente para analisar os detalhes.

"FED 6 (hierarquia inconsistente). Então, sua postura é simplesmente ficar nervoso ou frustrado, pegar o trabalho e tentar resolver sozinho, levando para casa para fazer do seu jeito rápido e preciso."

Construa soluções de orientação, engajamento, capacitação e consonância

Com base na identificação das necessidades de performance e suas verdadeiras razões, você pode utilizar as trinta práticas para ajudar sua equipe a alcançar seus objetivos.

Crie um plano de ação orientado à estratégia; pode estar vinculado ao Mapa de Desenvolvimento.

Continuando com o exemplo para compreender o processo na íntegra:

— Você precisa ajudar a equipe a organizar suas tarefas, dando prioridade nas que são de alta relevância e pedindo para avisá-lo quando algo sair do prumo (práticas de gestão 5 e 8).

"Também precisa criar mais dois ou três tempos de checagem, e não fazer somente uma checagem no último dia da entrega (práticas de gestão 7 e 26)."

— Mas eu não acho que devo perder meu tempo com isso.

— Se você não utilizar seu tempo para orientar e capacitar sua equipe, vai ficar três horas de seu precioso tempo livre fazendo tarefas que não são suas. Pense logicamente e em fazer sessões de orientação de 15 minutos por dia. Em uma semana são 75 minutos. É menos do que a metade das três horas que gasta em seu tempo livre (práticas de gestão 17 e 22). Veja, a equipe tem necessidades de conhecimento e você também.

— Que tipo de conhecimento a equipe precisa?

— Precisa aprender a lidar melhor com projetos, prazos e procedimentos (práticas de gestão 4 e 23).

"Você precisa monitorar e acompanhar mais e de forma mais precisa os processos (práticas de gestão 7 e 26).

"Precisa também encontrar espaço na agenda para reuniões semanais de 15 minutos, assim como definir claramente os processos e os responsáveis de cada etapa do projeto."

Acompanhe e verifique até que o conhecimento esteja incorporado

— Vamos marcar semana que vem para me mostrar o que você conseguiu realizar do plano que realizamos juntos.

Quando utilizamos nosso tempo para refletir de forma mais precisa e profunda sobre uma questão de performance, conseguimos encontrar verdades e soluções que nos ajudam não só a resolver de vez os problemas, mas também a nos prepararmos para lidar com questões cada vez mais complexas.

Também eliminamos aquela sensação terrível de ter de fazer uma escolha superficial e pouco tempo depois o problema volta a nos importunar. Boas soluções sempre aparecem quando conseguimos investigar melhor, compreender profundamente as causas e dialogar para construir conjuntamente as soluções que sempre se revelam boas para a equipe, para o gestor e para os clientes.

É sempre importante ressaltar que os talentos melhoram seu desempenho atuando nos seus pontos fortes, mas também preenchendo as lacunas dos seus pontos a melhorar. O gestor, atuando nesse desenvolvimento, ajuda sua equipe a assumir as responsabilidades pelos projetos e a conseguir obter o sucesso nas metas.

Com a prática constante da gestão da singularidade, a equipe ganha maturidade e eficácia, tornando-se mais forte e capaz de assumir projetos cada vez mais complexos.

CAPÍTULO **9**

LIDANDO COM PROFISSIONAIS DE BAIXA MATURIDADE

ESPECIAL

LIDANDO COM PROFISSIONAIS DE BAIXA MATURIDADE

> Um dos principais desafios do gestor é lidar com funcionários difíceis.

> Como funcionários de baixa maturidade se apresentam.

> Quem perde a razão não tem razão. Se você se irrita, sua emoção será utilizada contra você mesmo.

> Como conseguir bons resultados com funcionários de baixa maturidade.

> Exemplo de como conduzir uma conversa produtiva.

Um dos principais desafios que temos em gestão de pessoas é a dificuldade em lidar com profissionais difíceis, que percebemos que têm pavio curto quando precisamos conversar sobre questões de forma franca, honesta e aberta.

Muitos gestores deixam de apontar suas questões de desenvolvimento, pois consideram muito difícil fazer os funcionários compreender a verdadeira situação de seus comportamentos e entender como poderiam lidar melhor com sua própria performance e, assim, produzir resultados mais consistentes.

Em alguns casos, esses talentos apresentam resultados comerciais excelentes, mas sua disposição para cumprir valores, regras e procedimentos justos está abaixo do esperado. Apresentam problemas sérios de relacionamento com os outros e acabam sendo desculpados pela sua capacidade de produzir resultados (muitas vezes mais rápida e fácil, justamente por não precisar se apoiar em procedimentos justos ou valorosos).

COMO O FUNCIONÁRIO DE BAIXA MATURIDADE SE APRESENTA?

1. Tem dificuldade de conversar baseado em lógica e justiça.
2. Dificuldade em assumir responsabilidades pelas próprias tarefas que se comprometeu a realizar e não realizou. Assim como dificuldade maior ainda em assumir as consequências de seus comportamentos ineficazes ou indevidos.
3. Facilidade para se ofender, levar para o lado pessoal, se magoar ou se irritar em demasia.
   — Como você pode fazer isso comigo?
   — Como você pode pensar isso de mim?
   — Você está fazendo isso só porque sou eu!
   — O que eu fiz pra você?
4. Diante da verdade dos fatos, acaba por se vitimizar, esquivando-se ou encobrindo seus pontos cegos.
5. Não tolera contrariedades. Acredita que as coisas devem ser do jeito dele, e não como a empresa define. Tem a tendência de achar que sempre estão contra ele.

O profissional de baixa maturidade entra em desorganização emocional e começa a generalizar, omitir ou distorcer informações. Esse tipo de profissional tem a habilidade de tirar você do sério e vai utilizar seu destempero contra você.

Vai fazer com que você perca a razão e, como diz o ditado, "quem perde a razão não tem razão".

Você vai precisar controlar suas emoções (raiva, frustração, nervosismo), pois sua intempestividade vai apenas fazer com que esse profissional se mantenha cada vez mais em posição de defesa ou de vítima, tendo como resultado o domínio da situação.

Como reverter essa situação?

1. Primeiro de tudo, é preciso estar em perfeita serenidade. Sua irritação será utilizada contra você. Evite produzir informações que não sejam estratégicas e que atinjam a identidade do profissional. Evite frases como:
   — Você é lerdo para fechar esse processo.
   — Nunca vi ninguém tão incompetente para realizar esse projeto.
   — Como você pode ser tão irresponsável?
2. Encontre um momento para conversar quando ninguém estiver reativo ou nervoso. Esclareça que a conversa é um momento para aprimoramento e reflexão. Que você não quer acabar com ele, e sim ajudá-lo a melhorar sua performance, pois isso é importante para ele e para você.
3. Depois de esclarecida a questão e definido o propósito da conversa, acompanhe e analise as circunstâncias de performance com ele, baseando-se sempre em evidências. Fatos são sempre relevantes, suas opiniões e percepções pessoais só servem para criar mais reatividade ou problemas no relacionamento.
4. Identifique a promessa estratégica e ajude-o a esclarecer os processos e seus pontos cegos, orientando-o a observar que a reponsabilidade daquele determinado processo ou tarefa é dele.
5. Ajude-o a descobrir os pressupostos e os pontos cegos de seu trabalho.
6. Sempre calmamente, ajude-o a pensar de forma clara e escrever os novos comportamentos que ajudarão o profissional a realizar de maneira mais eficaz suas tarefas e responsabilidades.

Mesmo com todo esse cuidado e esforço, pode ser que ainda assim ele demore para se posicionar como protagonista, pois é preciso muita consciência e algum tempo para conseguir alcançar esse modo de atuação.

Exemplo de conversa com uma gestora

Conversando com Paula sobre a importância do acompanhar e não cobrar a performance de sua equipe:

— Bom dia Paula, tudo bem com você?

— Mais ou menos, estou sem tempo para gerenciar todas as minhas tarefas. Esse *feedback* é rápido?

— Ele dura em torno de uma hora e temos dados importantes que podem ajudá-la a melhorar seu papel como *coach* de sua equipe.

— Uma hora? Tudo isso? Depois vão me dizer que eu não administro bem meu tempo.

— Bem, se for o caso, depois podemos também ajudá-la nisso.

— Sobre o que querem conversar?

— Fizemos um levantamento do fluxo de conhecimento na loja e constatamos que quase 80% do conhecimento que as consultoras aprendem no treinamento se perde, não conseguem assimilar e incorporar os conhecimentos, aplicando-os na loja. É como se elas recebessem cem unidades de informação e só utilizassem 20 na loja. É como se tivessem um manual completo para usar determinado aparelho, mas lessem apenas a introdução e, quando partissem para o momento de utilizá-lo, tudo se resumisse a achismos e a tentativa e erro.

— É, a área de treinamento não tem tempo para estar lá e fazer o acompanhamento.

— Bem, aqui está um ponto importante. Tecnicamente falando, a responsabilidade de acompanhar e apoiá-lo esse processo é sua.

— É?! Pois eu vou lhe dizer uma coisa. Estou sobrecarregada nessa loja, tenho de fazer de tudo, apagar incêndio, resolver os problemas dos outros que não estão sob a minha responsabilidade.

— Entendo sua situação...

— Se você veio aqui para me cobrar mais responsabilidade, podemos terminar essa conversa agora. Pois ninguém vem aqui para dizer o quanto estou me esforçando para manter essa loja vendendo. Eu estou cansada de cobrar dessas meninas todo o desempenho, mas elas espanam à toa. Parecem que não têm o comprometimento necessário para fazer as coisas corretas. São tão sensíveis e ao mesmo tempo tão desorganizadas. Não conseguem fazer o básico de vendas e eu não tenho paciência para ajudar quem não quer ser ajudado.

— Paula, entendo sua situação e quero dizer que realmente deve ser muito difícil gerenciar tudo isso. Quero que saiba que não estamos lhe cobrando nada e que não viemos aqui para crucificar você. Nossa intensão é ajudá-la a produzir melhores resultados, mesmo diante das situações adversas que você passa todos os dias. Não viemos lhe dar uma nota baixa, não viemos denegrir seu trabalho. Queremos apenas poder fazer uma análise mais profunda da situação para encontrar alternativas que lhe ajudem a ter um desempenho melhor, minimizando todos os desgastes pelos quais você está passando. Queremos ajudá-la a fazer melhor aquilo que é sua responsabilidade. Tudo bem assim?

— Sim, é que eu não aguento mais essa pressão sobre resultados, sem que ninguém veja tudo o que estamos fazendo para que a loja ande bem.

— Sei disso e é por isso que gostaria de poder analisar mais profundamente o que está acontecendo para que possamos construir novas alternativas, mais eficazes e saudáveis de trabalho. Como se sente? Acha que podemos fazer isso juntos?

— Sim, acho que sim.

— Pois bem, vamos ver o desempenho de sua equipe: você tem 20% em A, 40% em B e 40% em C. Como é sua relação com a profissional A?

— É excelente, ela entende tudo certo e faz o que precisa ser feito. É meu sonho de consumo. É alguém que vem perguntar o que eu preciso, como as coisas devem ser feitas. Geralmente é a que tem melhor aproveitamento nos treinamentos.

— Parece que por entregar bem, tudo está certo!

— Sim.

— Ok. Agora me fale da profissional B.

— Tem sempre alguma coisa que podia fazer mais. Eu preciso falar duas ou três vezes a mesma coisa e tem tarefas que parece que a pessoa não quer fazer de propósito.

— Deixa ver se entendi: você precisa dizer duas ou três vezes mais e parece que a pessoa não aprende.

— Sim.

— E o que você faz depois disso?

— Honestamente, acabo desistindo do procedimento, pois tenho outras coisas muito importantes a fazer.

— Como você desiste?

— O quê?

— Como você desiste? O que acaba fazendo?

— Acho que me canso, ou fico nervosa, ou frustrada e me distancio.

— E isso acaba sendo um prato cheio para que a profissional também se distancie de você. Provavelmente, terá medo de falar abertamente com você. Até mesmo não vai se empenhar mais, pois sabe que você vai desistir de acompanhar e cobrar.

— Sim, mas o que eu posso fazer? A fila anda e tem muita coisa para ser feita.

— Sim, mas você concorda que é justamente esse acompanhamento deficiente que pode provocar a performance média dessa profissional? Como ela faz para aprender, consolidar, melhorar?

— Não sei.

— E será por isso que então você cobra das meninas resultado com mais pressão e nervosismo?

— Talvez sim, pois parece que elas não têm comprometimento. Parece que elas não vão além da média.

— Ou porque elas não sabem como fazer isso. Ou porque elas não percebem como podem melhorar. Ou porque talvez sejam mesmo imaturas e não respondem bem à cobrança excessiva, à assertividade, que podem entender como agressividade, e a resposta natural delas é travar diante de você.

— É verdade, pode ser que sim.

— E quanto à profissional C?

— Ai meu Deus, essa quer fazer as coisas do jeito dela. Só vende o que gosta ou o que quer vender. Não consegue pensar nos interesses dos clientes. Parece que não entende a situação.

— E você, como é seu padrão de relacionamento com as Cs?

— Puxa, é mais difícil, pois tem de ficar no pé a todo o momento.

— E quando você se cansa, o que acontece?

— Eu vou fazer outra coisa mais importante.

— Bem, nesse momento, você deixa de acompanhar os profissionais.

— Sim.

— Paula, vamos recapitular o que vimos até agora. Percebi que você pode melhorar os resultados se puder colocar mais foco no acompanhamento e na capacitação de sua equipe. Fomentar de forma mais específica e precisa os comportamentos de vendas que a ajudarão a ter um desempenho melhor.

— Sim.

— Você concorda que se elas tivessem mais oportunidades de aplicar e utilizar o conhecimento que aprenderam no treinamento, nossos indicadores aumentariam?

— Sim.

— Mesmo sabendo que é uma gestora muito compromissada e que ajuda muito aqui na loja, também percebemos que o papel de monitor e apoiador das profissionais pode ser melhor manifestado, e que, obviamente, mesmo com todas sua tarefas e seus desafios, a responsabilidade continua sendo sua.

— Sim, tecnicamente, sim.

— Então, vamos olhar para como você está fazendo esse monitoramento, para descobrir novas formas de atuar e melhorar sua performance?

— Sim.

— Ótimo, vamos em frente.

— Na sua observação, quais as principais diferenças entre as profissionais nível A, B e C?

— Bem, a nível A é atenta, é rápida, parece que aprende rápido. Ela é mais centrada e procura ser mais proativa. Nosso relacionamento é mais tranquilo. A nível B, faz as coisas direitinho, mas precisa ser incentivada e monitorada sempre. Algo que percebo, mas que tenho dificuldade de fazer, é que ela carece um pouco mais de atenção. Parece que tem mil ideias, que quer fazer as coisas, mas que tem uma trava de atitude. Fica com receio de falar e demora um pouco mais para fazer as coisas sob pressão. A nível C é a mais difícil. Tem de ficar cobrando a todo momento, normalmente quer fazer as coisas do jeito dela, parece que não tem comprometimento com a melhoria de performance. Sinto que ela, internamente, estipula um teto de ganho e atuação.

— Por favor, agora conte-me como é seu relacionamento com elas.

— Bom, acho que sou uma gestora que cobra resultados e cobra sempre o melhor.

— E como acha que elas se portam com você?

— A sensação é que para muitas eu falo para as paredes. Elas me olham, paradas, sem se mexer.

— Ok, deixe-me assistir a uma reunião sua com a equipe, para ver se consigo encontrar alguma informação relevante para ajudar.

— Certo, mas não é para ficar olhando meus defeitos.

Após a reunião:

— Bem, constatei que está oferecendo muitas informações, de forma muito rápida, e por muito tempo. Saí de lá sem ter clareza do que elas precisam fazer de mais importante. Parece a escola do meu filho, onde os professores descarregam as informações, sem querer saber se tudo aquilo é relevante para o momento de vida em que a criança está. Claro que são informações, mas não tive certeza de que elas vão assimilar e incorporar todas. Percebi que você passou trinta minutos falando direto, sem dar espaço para perguntas. Você sabe das dificuldades e necessidades de suas funcionárias?

"Seria muito importante partir dos reais níveis de performance que elas apresentam. Por exemplo, você falou de perfume, maquiagem, experimentação e venda casada. Tenho certeza que o Talento A compreendeu tudo. Mas e B e C, que estão com os indicadores de venda casada bem baixos?

"Seria bem produtivo condensar as informações em 15 minutos e utilizar os outros 15 da reunião para ajudar as consultoras a compreender melhor o porquê de sua dificuldade em determinado produto ou segmento.

"Exploradas as dificuldades, você as conduz para o próximo passo, que é fazê-las pensar com qualidade. Elas têm condições de compreender o que foi feito e o que deveria ser feito, e isso vai ajudá-las a organizar melhor as tarefas e responsabilidades delas.

"Então você dá a elas uma organização e um planejamento das ações relevantes.

"Depois disso, você precisa acompanhar a trajetória, para ver como estão se saindo no plano que foi realizado por vocês. E depois pensar como pode ajudá-las a dominar e consolidar as tarefas de valor.

"Perceba que eu estou lhe dando seis estágios de atuação."

— Sim.

— E quero que me responda honestamente: diante desses passos, o que fazia e onde parava sua atuação para melhorar a performance dos talentos B e C?

— Parece que eu não fazia os estágios 1 e 2, e já tentava programar o estágio 3, sem dar continuidade nos estágios 5 e 6.

— Esses estágios são muito importantes, pois você ajuda o talento a passar de pouco produtivo para mais produtivo. Você ajuda a organizar a mente dele para que seja mais proativo e haja como um talento de nível A. Diante disso, como acha que pode organizar as próximas ações?

— Bem, na questão de acompanhamento, vou me organizar para seguir as seis etapas, tentando cobrar menos e oferecendo melhores recursos para a consultora poder se apropriar dos conhecimentos manifestados nos treinamentos.

"Talvez meu ponto principal seja analisar de maneira mais específica os estágios de performance e conhecimento em que as meninas se encontram, tentando oferecer conhecimentos mais relevantes para o nível de cada uma. Percebo que ao atropelar as fases e não cumpri-las na sequência, acabo por gastar muita energia emocional e acabo ficando desanimada com os resultados."

— Não tome isso como uma regra. Haja como um cientista do comportamento humano e observe se isso realmente afeta a comunicação de vocês e a performance delas.

— Mas, sim, acredito que já seja um bom começo.

— Lembre-se de organizar todas as etapas do acompanhamento para ver como você pode ser mais eficaz e melhorar a performance das consultoras. E então, como foi o trabalho?

— Mudou minha percepção sobre a importância do meu papel de acompanhar o conhecimento estratégico. Obrigada.

Os diferentes tipos de resistentes nas empresas

Há diferentes tipos de resistentes nas empresas e alguns deles podem ser seus aliados diante de mudanças.

Em uma época na qual as mudanças são inevitáveis, especialmente quando acontecem em meio a processos de fusão, aquisição e internacionalização de empresas, a resistência à mudança tem sido um dos grandes problemas enfrentados pelos gestores e profissionais de recursos humanos, que precisam garantir a mudança em um cenário nem sempre favorável.

Uma parte dos fracassos dos processos de mudança se explicam, em boa medida, pelo fato de que pessoas ou grupos internos atuam na direção contrária da pretendida pela companhia. De modo geral, as empresas entendem que todos os que resistem a mudanças são iguais em seu perfil. Muitos gestores de pessoas entendem que os resistentes estão em uma zona de conforto e, nesse sentido, trabalhariam contra a mudança. Mas essa visão generalista do problema está equivocada e, em muitos sentidos, dificulta uma melhor compreensão e solução do problema.

Há pelo menos três tipos de pessoas que resistem a mudanças: O primeiro tipo é aquele que resiste porque mudar vai implicar abrir mão de vantagens já alcançadas. Mais trabalho, mais responsabilidade, mais envolvimento com os problemas da empresa, tudo isso leva algumas pessoas a acreditar que a mudança será prejudicial a seus interesses, então elas resistem e buscam impedir que as mudanças aconteçam.

O segundo tipo é aquele que não entendeu o que precisa ser feito e as razões pelas quais isso precisa ser feito. É possível que a mudança não tenha sido bem explicada, é possível que a pessoa não tenha compreendido o que foi dito. Robert Kaplan, um dos criadores do *Balanced Scorecard*, já dizia que um processo eficiente de comunicação precisa comunicar sete vezes, por sete meios diversos, aquilo que se espera das pessoas para que a empresa consiga melhores resultados. E como a pessoa não sabe bem o que vai fazer, ela resiste à mudança.

O último tipo de resistente à mudança é aquele que está com medo de fazer ou aprender algo novo. Muitas pessoas temem não conseguir fazer o que se espera delas, daí resistem a qualquer mudança que exija competências e habilidades que elas julgam não possuir.

Esses dois últimos tipos de resistentes, o que não sabe o que fazer e o que tem medo da inovação, podem ser muito úteis para uma melhor compreensão do que a empresa precisa fazer para ter sucesso em sua nova fase de vida. Aquele que resiste porque não sabe o que se espera dele pode ser trazido para a mudança por meio de uma comunicação mais eficaz, direta e pessoal. E aquele que não se julga preparado para a mudança pode ser conquistado por meio de um processo de *coaching*, treinamento ou qualificação específica.

Considerar que toda pessoa que resiste a mudança é igual e faz isso porque não quer sair de uma hipotética zona de conforto é tratar pessoas diferentes de modo igual e perder eventuais aliados que podem ser conquistados por meio de comunicação e capacitação. O exemplo oferecido foi resolvido justamente porque o consultor ajudou a gestora a orientar melhor sua equipe.

Muitas empresas anunciam mudanças por e-mail, sem contato direto com as pessoas. Essa forma, que pode ser até considerada desrespeitosa com os profissionais, gera resistência e dificulta o sucesso da mudança. Daí a importância de compreender as diferentes faces daqueles que resistem a novos tempos.

CAPÍTULO **10**

MUNDO DIFERENTE, PESSOAS ÚNICAS

> Gestor de pessoas: construtor de um futuro promissor.

> Projete-se no futuro!

> Criando e inspirando valor.

> Por um mundo único.

> O que gostaria de ouvir sobre sua atuação como gestor?

> Relações mais transparentes, justas, maduras e particularizadas.

> Somos profissionais com histórias diferenciadas, criando e organizando inúmeros processos de transformação.

> Pela construção de um futuro promissor e singular.

GESTOR DE PESSOAS, CONSTRUTOR DE UM FUTURO PROMISSOR

Construir um futuro promissor, saber inspirar os talentos da organização, orientá-los a ir em uma direção valorosa para eles mesmos, para os clientes e para a organização é uma das tarefas mais nobres de um gestor.

Alguém que quer fazer o que precisa ser feito, com ética e arrojo, para criar um futuro melhor para a empresa, conectando-se às circunstâncias da mudança e agarrando as oportunidades que ela apresenta.

Projete-se no futuro!

Você já está aposentado, desfrutando a vida, construindo novos objetivos, apreciando a natureza numa tarde de domingo ensolarada.

De repente, sem mais nem menos, você é parado por uma pessoa, que lhe parece familiar, mas que não reconhece imediatamente.

— Como vai você? — diz a pessoa.

Você, meio desconcertado, responde:

— Eu vou bem, e você? — fazendo um esforço tremendo para lembrar-se dela.

— Talvez você não se lembre de mim. Eu fui seu subordinado na Empresa X. Olha, encontrei você aqui e quero dizer que você foi uma pessoa importantíssima na minha vida. Você foi um gestor muito especial naquele momento porque você...

Pense: o que gostaria de ouvir sobre sua atuação como gestor?

Fazer a sua própria transformação de gestor tradicional para gestor da singularidade. Estar conectado com as mudanças, ter sensibilidade contextual, saber decifrar e se ajustar a condições mutantes e construir conhecimento para atuar eficazmente na realidade são atributos importantes para prosperar e criar o sucesso sustentável da organização e de seus talentos. Com disposição e conhecimento específico consegue-se enfrentar a turbulência, superar a realidade e produzir o futuro.

O incansável Larry Bossidy grita aos quatro cantos da terra, para quem quiser e puder ouvir, que "um líder que se preze, em lugar de deixar para amanhã o que pode fazer hoje, assegura-se de que todos e cada um dos membros de sua organização mergulhem diariamente, de cabeça, na realidade".

Peter Drucker afirma que "A alta administração não se torna menos importante, nem sua tarefa passa a ser menos exigente. Ao contrário, ela adquiriu uma nova e desafiadora dimensão para sua tarefa: liderar, dirigir, motivar as pessoas de conhecimento para que se tornem executivos efetivos."

Para Johm Ham "o verdadeiro trabalho de liderança é inspirar a organização a assumir a responsabilidade por criar um futuro melhor".

Criando e inspirando valor

Gestores singulares e resilientes são aqueles que gerenciam mudanças a uma velocidade tal que permite, efetivamente, dentro do prazo e orçamento previstos, que todas as pessoas na organização mantenham-se focadas no caminho que leva à criação de valor ao cliente, pois esse é o processo mais importante de uma empresa.

Inspiram o coração e a mente dos profissionais para que cada um deles possa utilizar todo seu talento para a criação do valor. Os profissionais precisam sentir no gestor sólidos valores e um irredutível senso de propósito.

Esses gestores estão sempre criando novas capacidades, modificando o comportamento de modo a produzir novos conhecimentos e novas percepções para, num ciclo contínuo, poder utilizá-los em novas situações de superação. Aprendendo, modificando e destacando-se.

Como disse Jack Welch, "só há duas fontes de vantagem competitiva: a capacidade de aprender mais sobre nossos clientes mais depressa que os concorrentes e a capacidade de transformar esse conhecimento em ação mais depressa que os concorrentes".

Há realmente muitas tarefas relevantes que o gestor precisa fazer para construir um futuro promissor! O gestores tradicionais, quando se deparam com essa complexidade, acabam se perdendo em desculpas como falta de tempo para planejar, falta de recursos, excesso de pressão.

O gestor da singularidade sabe que o sucesso de uma organização inteligente depende da construção e da rapidez de aplicação do conhecimento, inovando e impactando na criação do desejo de compra em seus clientes.

Peter Drucker inspirou grandes líderes. Dizia que: "Gerentes eficazes se concentram em oportunidades, e não em problemas. A solução de problemas, apesar de necessária, não gera resultados. Ela evita danos. Explorar oportunidades é que gera resultados".

O gestor da singularidade está sempre pensando na criação de experiências de desenvolvimento únicas, que agreguem inovações funcionais, úteis e significativas. Funcionais no sentido de facilitar a vida dos clientes e equipes, úteis no sentido de servirem a um real propósito e significativas no sentido de terem impacto relevante para o máximo de pessoas possível, transformando suas vidas para melhor!

O que você quer mesmo ouvir?

Retomando o diálogo anterior. O quê você quer ouvir sobre sua atuação como gestor?

Nos últimos dez anos, tenho percebido um padrão relevante em gestores notáveis. Os lucros deixam de ser o vetor único e eles passam a focar num propósito mais nobre. Gestores começam a promover crescimento por meio da firme convicção de que são as pessoas muito bem capacitadas e engajadas que fazem a empresa crescer.

Gestores notáveis ajudam a articular novos valores, que formam uma nova visão, que extrapola o *status quo*, promovendo na empresa e nas pessoas o pleno sentido de evolução.

Afinal, os profissionais levam de nós, gestores, o que somos para eles, e não o que transmitimos para eles.

Por um mundo único

O mundo está se tornando muito mais diferente do que possamos imaginar. Por volta de 2027, segundo Ray Kurzweil, seremos híbridos de inteligência orgânica e não orgânica.

O conhecimento evolui numa velocidade incrível. Somos clientes e profissionais cada vez mais informados, exigentes, com mais opções.

Estamos construindo tantos negócios e modos de vida diferentes que nosso conhecimento do passado, muito importante, não necessariamente nos prepara para o tsunami de informações e mudanças velozes, desenvolvidas pelo binômio conhecimento humano-tecnologia.

Estamos vivendo um momento único e, por que não dizer, um futuro único, que já não é mais como era antigamente.

Um momento singular

Paralelamente, as relações estão se tornando mais transparentes, justas, maduras e particularizadas. Clientes e profissionais não querem ser mais tratados como massa, estatística ou como um mero número.

Conhecimento, tecnologia e autoestima promovem o desenvolvimento de seres que querem ser reconhecidos como sujeitos de realização e transformação. Não queremos e não permitimos ser mais tratados como uma unidade da espécie.

Somos profissionais com histórias, habilidades, conhecimentos e disposição única para conduzir inúmeros e diferenciados processos de transformação.

Nossa singularidade (história de contribuição, disposição e proficiência) deve ser potencializada e manifestada, pois é ela que ajuda a amplificar a produtividade e criar inovações capazes de construir novas realidades.

Na essência e potencialidade, sou um sujeito notável, atuando num mundo particular, produzindo um futuro único.

Pela construção de um futuro promissor e singular.

A gestão da singularidade é um modelo evolutivo que ajuda os talentos a produzir uma forte conexão a respeito do propósito estratégico, do trabalho de qualidade, de como fazer a diferença e de, justamente, ser respeitado e reconhecido por ela.

Procura garantir que o maior número de profissionais saiba e faça o que precisa ser feito para tornar a empresa sustentável, com o maior grau possível de ética, justiça e competência.

Você, gestor, é o agente principal dessa transformação.

Acredito em você e conto com a sua singularidade!

REFERÊNCIAS

BECKER, Brian E; Heselid, Mark A.; Ulrich, Dave. *Gestão estratégica de pessoas com "scorecard": interligando pessoas, estratégia e performance*. Rio de Janeiro: Elsevier, 2001.

BODAKEN, Bruce. *A verdade dá lucro: como falar a verdade para aumentar a performance de sua equipe*. São Paulo: Editora Gente, 2007.

BROOKS, Ian. *Ganhando mais*. Curitiba: Fundamento Educacional, 2003.

BUCKINGHAN, Marcus. *Primeiro, quebre todas as regras: as melhores práticas dos melhores executivos*. Rio de Janeiro: Campus, 1999.

CAPELLI, Peter. *Contratando e mantendo as melhores pessoas*. Rio de Janeiro: Record, 2003.

CARMELLO, Eduardo. *Resiliência: a transformação como ferramenta para construir empresas de valor*. São Paulo: Editora Gente, 2008.

CARMELLO, Eduardo. *Supere: a arte de lidar com as adversidades*. São Paulo, Editora Gente, 2004.

CHARAN, Ram. BOSSIDY, Lary. *Execução: a disciplina para atingir resultados*. Rio de Janeiro: Campus, 2004.

CHARAN, Ram. *O líder criador de líderes*. Rio de Janeiro: Elsevier, 2008.

CHARAN, Ram. *Pipeline de Liderança: o desenvolvimento de líderes com o diferencial competitivo*. 2.ed. São Paulo: Elsevier: SSJ, 2012.

CHOO, Chun Wei. *A organização do conhecimento: como as organizações usam as informações para criar significado, construir conhecimentos e tomar decisões*. São Paulo: Senac São Paulo, 2003.

CHRISTENSEN, Clayton M. *O crescimento pela inovação: como crescer de forma sustentada e reinventar o sucesso*. Rio de Janeiro: Elsevier, 2003.

CONNORS, Roger. *Mude a Cultura de sua empresa e vença o jogo!: por que criar uma cultura organizacional com base em responsabilidades produz resultados extraordinários*. Rio de Janeiro: Elsevier, 2011.

DAVENPORT, Thomas. *As melhores decisões são sempre difíceis*. Rio de Janeiro: Campus, 2012.

DEMING, William Edwards. *Saia da Crise: as 14 lições definitivas para o controle da qualidade*. São Paulo: Futura, 2003.

DROTTER, Stephen J.. *Pipeline de Desempenho: como atingir o desempenho certo em qualquer nível de liderança*. Rio de Janeiro: Elsevier, 2011.

DRUCKER, Peter Ferdinand. *Administrando para obter resultados*. São Paulo: Cengage Learning, 2010.

DRUCKER, Peter Ferdinand. *O gerente eficaz em ação: uma agenda para fazer as coisas certas acontecerem*. Rio de Janeiro: LTC, 2007.

GEORGE, Bill. *Liderança Autêntica: resgate os valores fundamentais e construa organizações duradouras*. São Paulo: Editora Gente, 2009.

GILMORE, James H. *Autenticidade: tudo o que os consumidores realmente querem*. Rio de Janeiro: Elsevier, 2008.

HAMEL, Gary. *O que importa agora: como construir empresas à prova de fracassos*. Rio de Janeiro: Campus: Elsevier, 2012.

KAHNEMAN, Daniel. *Rápido e Devagar: duas formas de pensar*. Rio de Janeiro: Objetiva, 2012.

KASTENBAUM, Normann. *Obrigado pela informação que você não me deu*. Rio de Janeiro: Elsevier, 2008.

KIM, W. Chan. *A estratégia do oceano azul: como criar novos mercados e tornar a concorrência irrelevante*. Rio de Janeiro: Elsevier, 2005.

KURZWEIL, Ray. *A Era das Máquinas Espirituais*. São Paulo: Aleph, 2007.

LUZIO, Fernando Franco. *Fazendo a estratégia acontecer: como criar e implementar as iniciativas da Organização*. São Paulo: Cengaje Learning, 2010.

MINTZBERG, Henry. *Managing: desvendando o dia a dia da gestão*. Porto Alegre: Bookman, 2010.

MAGER, Robert Frank. *Analisando problemas de performance*. São Paulo: Market Books, 2001.

NETO, Rivadávia Correa Drummond de Alvarenga. *Gestão do Conhecimento em Organizações: proposta de mapeamento conceitual em organização*. São Paulo: Saraiva, 2008.

NÓBREGA, Clemente. *Empresas de sucesso, pessoas infelizes?* Rio de Janeiro: EditoraSenac, 2006.

PFEFFER, Jefrey. *A verdade dos fatos: gerenciamento baseado em evidências*. Rio de Janeiro: Elsevier, 2006.

PINK, Daniel. *Motivação 3.0: os novos fatores motivacionais para a realização pessoal e profissional*. Rio de Janeiro: Elsevier, 2010.

PRAHALAD, C.K.; HAMEL, Gary. *Competindo pelo Futuro*. Rio de Janeiro: Campus, 2005.

QUINN, Robert E. *Competências Gerenciais*. Rio de Janeiro: Elsevier, 2012.

SANDEL, Michael J. *Justiça: o que é fazer a coisa certa*. Rio de Janeiro: Civilização Brasileira, 2012.

SCHEIN, Edgar H. *Princípios da Consultoria de processos: para construir relações que transformam*. São Paulo: Peirópolis: Instituto Fonte para o Desenvolvimento Social, 2008.

SCHOLTER, Peter R. *O manual do líder: um guia para inspirar sua equipe e gerenciar o fluxo do trabalho no dia a dia*. Rio de Janeiro: Qualitymark Ed., 1999.

SCHULTZ, Howard. *Dedique-se de Coração: como a Starbucks se tornou uma grande empresa de xícara para xícara*. São Paulo: Elsevier, 1999.

TAKEUCHI, Hirotaka; NONAKA, Ikujiro. *Gestão do Conhecimento*. Porto Alegre: Bookman, 2008.

TALEB, Nassim. *A lógica do Cisne Negro: o impacto do altamente improvável*. Rio de Janeiro: Best Seller, 2008.

TICHY, Noel M. *Decisão: como líderes vencedores fazem escolhas certeiras*. Porto Alegre: Bookman, 2009.

Vários Autores. *As pessoas na Organização*. São Paulo: Editora Gente, 2002.

WELCH, Jack. WELCH, Suzy. *Paixão por Vencer: a bíblia do sucesso*. Rio de Janeiro: Campus, 2005.

Este livro foi impresso pela
Gráfica Assahi em papel norbrite 66,6 g
em abril de 2019.